100 REZEPTE

für leichten Genuss

WORT
&BILD
VERLAG

ISBN: 978-3-927216-45-7
PZN: 11651539
2. Auflage: 2016
© Wort & Bild Verlag, Konradshöhe GmbH & Co. KG Konradshöhe 1,
82065 Baierbrunn bei München, Handelsregister: Amtsgericht München HRA 44980
USt-ID: DE 130750628
Geschäftsführer: Andreas Arntzen (Vorsitzender), Dr. Dennis Ballwieser
Herausgeber: Dr. med. Marc Becker (Facharzt für Laboratoriumsmedizin)
Geschäftsadresse: Konradshöhe 1, 82065 Baierbrunn
Autoren: Angelika Karl (Rezeptentwicklung; freie Mitarbeit); Katja Töpfer
(freie Mitarbeit)
Projektleitung: Katja Töpfer
Redaktion: Dr. med. Andreas Baum, Dr. Sabine Haaß, Angelika Karl, Katja Töpfer
Leitender Artdirector: Daniel Braun
Layout: Ulrike Tölg
Bildredaktion: Michael Volkert
Fotos: Anja Broicher (Illustrationen), Carsten Eichner (Rezeptfotos), Fotolia
Bildbearbeitung: Sabine von Transehe-Roseneck
Produktion: Angelika Emmert
Druck: Bosch-Druck GmbH, Festplatzstraße 6, 84030 Ergolding

Leicht genießen, gesund leben

Gesünder essen, ein paar Kilo abnehmen. Hört sich machbar an, fällt aber schwer. Wir machen es einfacher – mit der Kochschule für leichten Genuss. Dieses Programm wurde von Ernährungsexperten der Volkshochschulen und des *Diabetes Ratgebers* entwickelt. Im Mittelpunkt stehen 100 Rezepte, die vollen Geschmack bieten, aber bei Fett und Kohlenhydraten sparen. Mit dieser Art zu kochen können Sie nicht nur Ihre Blutzucker- und Cholesterinwerte verbessern, sondern auch langfristig abnehmen, ohne beim Essen auf Genuss zu verzichten. Neue Rezepte ausprobieren, Küchentipps austauschen, gemeinsam schlemmen – so macht Essen am meisten Freude. Die Kochschule für leichten Genuss gibt es daher auch als Kurs an vielen Volkshochschulen. Informationen über Kurse und Veranstaltungen erhalten Sie bei Ihrer Volkshochschule vor Ort. Viel Spaß beim Nachkochen wünschen Ihnen

Dr. med. Andreas Baum,
Chefredakteur *Diabetes Ratgeber*,
Facharzt für Innere Medizin

Brigitte von Dungen,
Fachreferentin im Bundesarbeitskreis Gesundheit
beim Deutschen Volkshochschul-Verband

DIABETES RATGEBER

vhs

Inhalt

alle Gerichte
maximal
550
Kalorien
pro Portion

Das Genussprinzip

1 So funktionieren die Rezepte

- **Wir kochen mit Vollkornprodukten:** Die machen gut satt und lassen den Blutzucker nach dem Essen langsamer ansteigen als Weißmehlprodukte.

- **Wir verwenden viel Gemüse:** Das wirkt im Magen wie eine Hungerbremse.

- **Wir setzen auf hochwertige Fette:** So viel wie nötig, um den Rezepten einen tollen Geschmack zu geben, aber so wenig wie möglich, damit die Kalorienbilanz stimmt. Der Anteil an hochwertigen Fettsäuren ist in allen Rezepten hoch.

- **Wir sparen überflüssige Kalorien:** Alle Gerichte in diesem Buch kommen mit maximal 550 Kalorien pro Portion aus.

2 Die Menge macht's

Bei unseren Rezepten fällt auf: Wir nehmen es mit den Mengenangaben bei einigen Lebensmitteln wie Nudeln, Öl oder Zucker sehr genau. Für die, die gerne abnehmen möchten, lautet unsere Empfehlung: Versuchen Sie sich an die Mengenangaben zu halten. Sie werden sehen, Sie werden gut satt. Wer kein Übergewicht hat, darf bei den Mengenangaben gerne etwas aufstocken. Wer Insulin spritzt, muss jedoch immer die tatsächlich gegessenen Kohlenhydratmengen berücksichtigen.

3 Blutzuckerwerte – darum sind sie so wichtig

Kohlenhydrate, etwa aus Nudeln oder Reis, werden im Darm in kleine Zuckermoleküle aufgespalten und ins Blut transportiert. Jetzt sorgt das von der Bauchspeicheldrüse produzierte Hormon Insulin dafür, dass der Zucker in die Zellen befördert werden kann, hier wird er als Energielieferant gebraucht. Bei Typ-2-Diabetes reagieren die Zellen nicht mehr optimal auf Insulin. Die Folge: Die Zuckerwerte im Blut steigen. Dadurch herrscht in den Zellen Energiemangel, auf der anderen Seite schädigt der Zucker im Blut die Gefäße und die Organe.

4 Erhöhter Blutzucker = Diabetes?

Typ-2-Diabetes entwickelt sich langsam. Wer gesund isst und sich mehr bewegt, hat gute Chancen, die Zuckerwerte lange Zeit ohne Medikamente oder Insulin zu normalisieren. Denn bei Typ-2-Diabetes hat die Bauchspeicheldrüse die Insulinproduktion nicht eingestellt. Anders bei Typ-1-Diabetes: Hier produziert die Bauchspeicheldrüse kein Insulin. Die Betroffenen müssen ihr Leben lang Insulin spritzen.

5 Erhöhter Blutzucker = Diät?

Diät, das klingt nach Verzicht, nach Karotten knabbern, Braten ohne Soße und schlechter Laune. Braucht niemand. Wenn Sie zu viel wiegen und Ihr Arzt bei Ihnen zu hohe Blutzuckerwerte diagnostiziert hat, ist es für Sie jedoch wichtig, Ihr Essverhalten sanft und ohne Stress so umzustellen, dass Sie bei Zucker und anderen Dickmachern sparen, ohne auf Ihre Leibspeisen verzichten zu müssen. Unsere Rezepte sind hier ein idealer Einstieg.

6 Gemüse – mehr davon

Es liefert nur wenige Kalorien, beeinflusst den Blutzuckerspiegel in der Regel kaum (Ausnahme: Kürbis und Mais), ist ein perfekter Sattmacher und steckt voller wertvoller Inhaltsstoffe. Sie wollen noch mehr Gründe wissen, warum Gemüse guttut? Alle Gemüsegerichte, die den Weg in dieses Buch geschafft haben, sind einfach lecker

7 Obst – in Maßen jeden Tag auf den Tisch

Obst ist zwar gesund, liefert im Gegensatz zu Gemüse jedoch auch Zucker. Und das, je nach Sorte, nicht zu knapp. In 100 Gramm Trauben stecken 15 Gramm Zucker (1 BE/1,5 KE), in 100 Gramm Banane 20 Gramm (1,7 BE/2 KE). Dennoch ist das kein Grund, auf Obst zu verzichten. Wer erhöhte Blutzuckerwerte oder Typ-1-Diabetes hat, muss den Zucker aus dem Obst jedoch berücksichtigen.

8 Ballaststoffe – echte Zuckerbremsen

Sie regen die Verdauung an, machen ohne Kalorien satt, verlangsamen im Darm die Aufnahme von Zucker ins Blut und bremsen so den Blutzuckeranstieg. Ballaststoffe sind für Menschen mit Diabetes-Risiko enorm wichtig. Wo möglich, verwenden wir in unseren Rezepten daher Nudeln, Mehl, Brot und sonstige Getreideprodukte in Vollkornqualität. Hier stecken besonders viele Ballaststoffe drin.

9 Kartoffeln – leichte Energiespender

100 Gramm gekochte Vollkornnudeln haben etwa 140 Kalorien, die gleiche Menge gekochte Kartoffeln nur etwa die Hälfte. Außerdem liefern sie wertvolle Inhaltsstoffe wie B-Vitamine und Kalzium. Wir lieben die braunen Knollen und verwenden sie in vielen Rezepten. Wie schnell Kartoffeln den Blutzucker steigen lassen, hängt von der Zubereitung ab. Als Faustregel gilt: Je weniger verarbeitet sie sind, desto flacher ist der Blutzuckeranstieg nach dem Essen. In den Rezepten haben wir Kartoffeln so mit anderen Zutaten kombiniert, dass der Blutzuckeranstieg gebremst wird.

10 Erbsen, Linsen & Co. – die Lieblinge der leichten Küche

Sie liefern nicht nur hochwertiges Eiweiß und viele Vitamine. Hülsenfrüchte enthalten neben Kohlenhydraten auch viele Ballaststoffe, die den Blutzuckeranstieg bremsen. Wer Insulin spritzt, muss hier aufpassen und sollte bei der Berechnung nicht alle Kohlenhydrate berücksichtigen. Ihr Arzt oder Diabetes-Berater kann Ihnen sagen, wie sie Insulin für Hülsenfrüchte am besten berechnen.

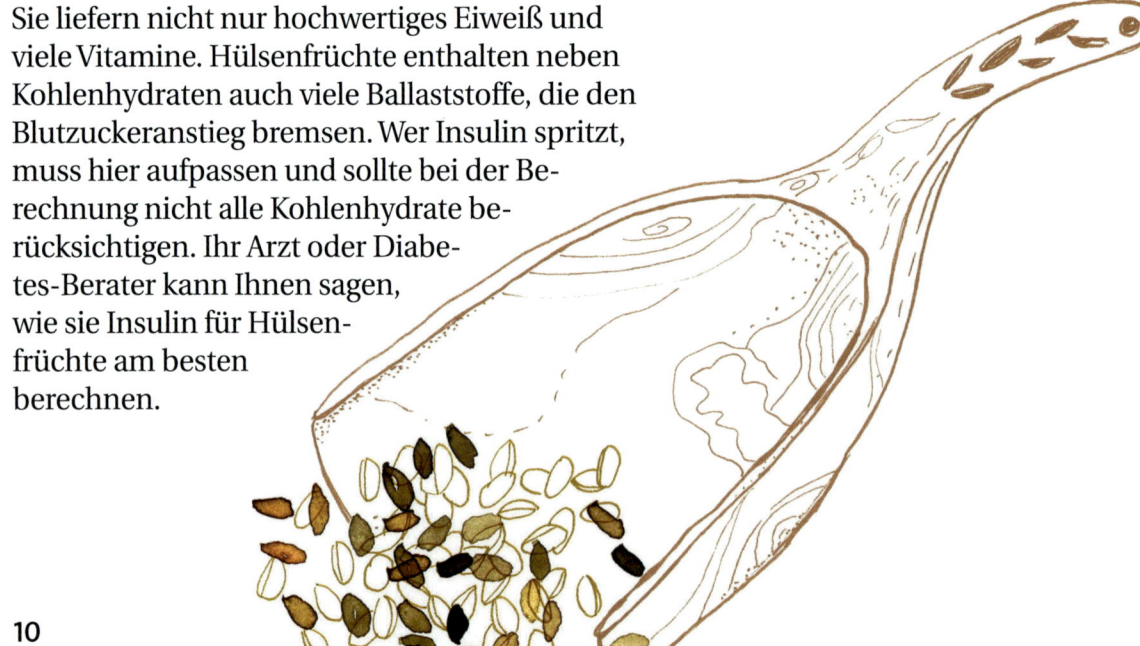

11 Milchprodukte – wichtige Eiweißquellen

Milch, Käse, Joghurt und Quark liefern wertvolles Eiweiß, Vitamine und Mineralstoffe – wichtig für Muskeln und Knochen. Der Nachteil: Milchprodukte enthalten teilweise viel Fett. Da erhöhte Blutzuckerwerte häufig mit Übergewicht einhergehen, haben wir für die Rezepte in der Regel fettarme Milchprodukte verwendet. Unser Tipp außerdem: Fertige Fruchtjoghurts oder Joghurt-Drinks stecken häufig voller Zucker. Besser Naturjoghurt kaufen und mit frischen Früchten oder ein wenig Marmelade mischen.

12 Fleisch – wertvolle Nährstoffe

Saftige Rindersteaks, knuspriger Schweinebraten – allein beim Duft von gebratenem Fleisch läuft vielen das Wasser im Mund zusammen. Fleisch ist einfach lecker. Kein Wunder, dass viele Deutsche zu viel davon essen, nämlich im Schnitt 1,2 Kilogramm pro Woche. Das schadet nicht nur der Umwelt und dem Klima, es geht auch zu Lasten der Gesundheit. In diesem Buch finden Sie daher nicht nur im Kapitel „Vegetarisch" zahlreiche köstliche Rezepte ohne Fleisch.

13 Fett – Qualität vor Quantität

Okay, wir knausern bei unseren Rezepten mit Fett. Ohne hier zu sparen, funktioniert Abnehmen leider nicht. Wer abspecken möchte, sollte nicht mehr als 45 Gramm (etwa 4 Esslöffel) pro Tag essen. Für die Gerichte in diesem Buch verwenden wir hochwertige Öle und Fette mit einfach und mehrfach ungesättigten Fettsäuren. Diese spielen eine Rolle bei Stoffwechselprozessen und schützen das Herz und die Gefäße. Besonders wertvoll sind Omega-3-Fettsäuren. Sie können vom Körper nicht selbst produziert werden und sind in pflanzlichen Ölen wie Oliven- oder Rapsöl sowie in vielen Meeresfischen und Nüssen enthalten.

14 Öl – Abwechslung tut gut

In unseren Rezepten steht oft als Zutat nur „Öl". Doch welches? Rapsöl, Olivenöl? Unser Tipp: Wechseln Sie öfter mal ab, zum Salat Oliven- oder Kürbiskernöl, zum Braten Rapsöl, zum Gemüse etwas Leinöl. So nehmen Sie viele verschiedene Fettsäuren auf, die alle unterschiedliche Zwecke im Körper erfüllen. Wichtig: Kalt gepresste Öle eignen sich oft nicht zum Braten und Kochen. Auf der Flasche steht meist ein Hinweis, für welche Zwecke das Öl verwendet werden kann.

15 Süßes – für Naschkatzen

Süßes treibt den Blutzuckerspiegel hoch. In unserem Kapitel „Süßes" finden Sie Hauptspeisen, die mit wenig Zucker auskommen. Wir haben die Zutaten so kombiniert, dass die Rezepte optimale Mengen an Fett, Eiweiß und Ballaststoffen enthalten, um den Blutzuckeranstieg nach dem Essen zu bremsen. Wer Insulin spritzt, muss den Kohlenhydratanteil voll anrechnen. Künstliche Süßstoffe verwenden wir nur, wenn ein Gericht schon viele Kohlenhydrate enthält, das Rezept aber noch etwas Extra-Süße gebrauchen könnte.

16 Nüsse – fett und gesund

Beim Fett sparen und trotzdem Nüsse knabbern? Aber ja doch! Gerade die vegetarischen Gerichte in diesem Buch verfeinern wir sehr gerne mit gerösteten Nüssen. Aus gutem Grund: Nüsse liefern mehrfach ungesättigte Fettsäuren und wertvolles Eiweiß. Walnüsse enthalten Omega-3-Fettsäuren, Mandeln liefern neben Fett auch die Vitamine E und B, außerdem Mineralstoffe wie Kalzium und Magnesium.

17 Alkohol – ein Gläschen in Ehren

Zum Braten ein Glas Rotwein, abends ein Bier: Darauf wollen viele nicht verzichten. Müssen sie auch nicht! Ein kleines Glas Bier hat etwa 100, ein Glas trockener Weißwein sogar 140 Kalorien. Wer abnehmen will, sollte beim Alkohol auf die Bremse treten. Vor allem Diabetiker, die Insulin spritzen oder bestimmte blutzuckersenkende Medikamente nehmen, müssen dringend einige Regeln beachten. Besprechen Sie das Thema „Alkohol und Diabetes" unbedingt mit Ihrem Arzt oder Diabetes-Berater.

18 Cola, Limo & Co. – Zuckerquelle für den Notfall

In einem Glas Cola (250 ml) stecken neun Stück Würfelzucker. Softdrinks und Fruchtsäfte machen dick und lassen den Blutzucker rasant in die Höhe schnellen. Unser Tipp: Streichen Sie Limo & Co. von Ihrer Einkaufsliste. Ausnahme: Da die süßen Getränke den Blutzucker schnell ansteigen lassen, sind sie für Diabetiker ein ideales Notfall-Getränk bei Unterzuckerung.

19 Besser brutzeln – die richtige Pfanne

Abnehmen kann so einfach sein! Mit der richtigen Pfanne. Sie sollte unbedingt eine Teflonbeschichtung haben. Darin lassen sich Gemüse, Fleisch und Fisch „fast" fettfrei anbraten. Wenn man die Pfanne dünn mit Öl auspinselt, kann man mit sehr wenig Fett auskommen. Achtung: Teflonpfannen mit tiefen Kratzern unbedingt entsorgen.

20 Bescheid wissen – Rat und Hilfe

Ganz unkompliziert ist das Leben mit erhöhten Blutzuckerwerten und Diabetes-Typ-2 nicht. Aber es lässt sich in den Griff kriegen. Wir helfen Ihnen daheim vor Ort. Die Kochschule für leichten Genuss gibt es auch als Kurs an vielen Volkshochschulen. Informationen über Kurse und Veranstaltungen erhalten Sie bei einer Volkshochschule in Ihrer Nähe. Unterstützung bietet auch ein Online-Schulungsprogramm für Diabetiker. Informationen hierzu unter: **www.meine-gesundheitsakademie.de**

Zuckerfallen

Falle 1 – versteckte Zucker

In der Zutatenliste muss nur Haushaltszucker, also Saccharose, als Zucker ausgewiesen werden. Die Hersteller verwenden aber noch andere Süßmacher wie Sirup, Malzextrakt, Laktose, Maltose oder Dextrose. Klarheit über den tatsächlichen Zuckergehalt bringt nur ein Blick auf die „Nährwertangaben pro 100 Gramm". Sie stehen inzwischen auf vielen Lebensmittelverpackungen. Hieraus kann man den Gesamtzucker des Produkts errechnen. Enthält ein Müsli 25 Gramm Zucker pro 100 Gramm, bedeutet das, ein Viertel des Produkts besteht aus Zucker.

Falle 2 – irreführende Botschaft

Ignorieren Sie Werbebotschaften wie „weniger süß"
oder „zuckerreduziert" auf Müslis, Joghurts und
Marmeladen. Es handelt es sich um reine Geschmacks-
angaben. Auch die Aufschrift „reduzierter Zuckergehalt"
bedeutet nicht, dass es sich um ein Produkt mit besonders wenig Zucker handelt. Gemeint ist lediglich, dass
weniger drinsteckt als in anderen Lebensmitteln
gleicher Art. Als Vergleich kann hier ein besonders
süßes Produkt dienen. Besser: Lesen Sie die „Nährwertangaben pro 100 Gramm". Nur sie verraten, wie viel
Zucker wirklich in dem Produkt steckt.

Falle 3 – Naturschwindel

Slogans wie „nur mit natürlicher Süße",
„ohne Zuckerzusatz" oder „100 Prozent Frucht"
erwecken den Eindruck, dass ein Produkt
keinen Zucker enthält. Das stimmt nicht. Die
Süße stammt nur nicht aus beigemischtem
Haushaltszucker, sondern aus Fruchtkon-
zentraten, Sirupen, Dicksäften oder Obst.
Der hier enthaltene Zucker muss nicht
gesondert auf der Zutatenliste aufgeführt
werden. So darf sich zum Beispiel ein
Cappuccinopulver „ungesüßt" nennen,
obwohl es Süßmolkenpulver enthält, in
dem Milchzucker steckt.

Fettfallen

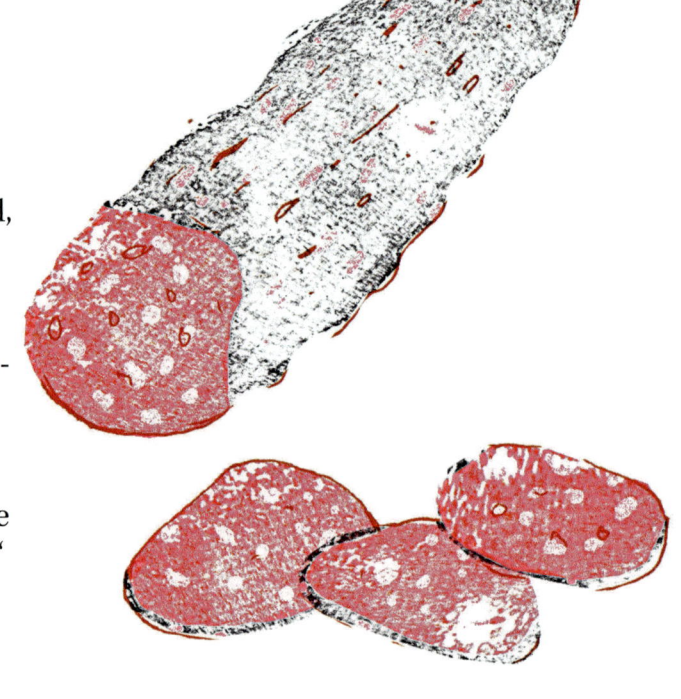

Falle 1 – versteckte Fette

Besonders Fertigprodukte, Fast Food, Süßigkeiten und Knabbereien strotzen nur so vor Fett. Eine Handvoll Erdnüsse (25 Gramm) enthält etwa 12 Gramm, in einem kleinen Cheeseburger stecken 13 Gramm Fett. Wer abnehmen möchte, sollte nicht mehr als 45 Gramm Fett pro Tag essen. Daher bei Fertigprodukten die „Nährwertangaben pro 100 Gramm" auf der Verpackung beachten.

Falle 2 – ungesunde Fette

Transfettsäuren entstehen, wenn pflanzliche Öle industriell gehärtet oder zu stark erhitzt werden. Sie können das Risiko für Herz-Kreislauf-Krankheiten erhöhen. Besonders häufig stecken sie in Frittiertem, Fertiggerichten, aber auch in Frühstücksflocken oder Brotaufstrichen. Der genaue Gehalt von Transfettsäuren muss in Deutschland nicht gekennzeichnet werden. Der Begriff „gehärtete Fette" auf der Zutatenliste verrät aber, dass welche drin sein können. Diese Produkte am besten gar nicht kaufen.

Falle 3 – falsche Versprechen

Produkte, die mit Slogans wie „light" oder „fettarm" werben, haben oft andere Nachteile: zu viel Zucker, sie regen den Appetit an, haben eine schlechtere Qualität oder schmecken nicht. Light-Produkte sind nicht grundsätzlich schlecht. Aber man sollte genau hinschauen: Bei sehr fetthaltigen Produkten wie Salami, Mayonnaise oder Margarine spart man mit Light-Produkten Fett ein. Anders bei Milchprodukten wie Joghurts und Fruchtdrinks. Hier ist die Ersparnis eher gering und der Geschmack nicht wirklich gut.

4 Tipps
für Ihren Einkauf

- **Skeptisch bleiben** Misstrauen Sie Werbeversprechen und Verpackungen im Öko-Schick. Im Zweifel: Zutatenliste checken.

- **Je kürzer, desto besser** Bei Zutatenlisten auf Lebensmitteln gibt es eine Grundregel: Je kürzer, desto besser.

- **Clever tauschen** Chips gegen Salzstangen, Eis gegen Pudding, Salami gegen Schinken. Viele Kalorienbomben lassen sich durch leichtere Alternativen ersetzen, die auch gut schmecken.

- **Vorbereitet sein** Nicht hungrig einkaufen, sondern mit Liste und kleinem Einkaufswagen. Da ist weniger Platz für Impulskäufe.

Mediterran

Gemüsepfanne mit Feta

Zutaten für 4 Portionen

1,3 kg festkochende Kartoffeln
1 gelbe Paprika
1 rote Paprika
2 rote Zwiebeln
½ Brokkoli
60 g Pinienkerne
200 ml Gemüsebrühe (Instant)
4 EL Olivenöl
4 Zweige Rosmarin
Salz, bunter Pfeffer (Mühle)
Zitronensaft
250 g fettreduzierter Feta
(Schafskäse, 9 % Fett i.Tr.)

Zubereitung

1 Die Kartoffeln sehr bissfest kochen, abkühlen lassen. Pellen und in dicke Spalten schneiden. Paprikaschoten und Zwiebeln putzen und in Streifen schneiden.

2 Brokkoli waschen, putzen und in Röschen teilen. Pinienkerne in einer Pfanne ohne Fett rösten.

3 Brokkoliröschen in der Gemüsebrühe etwa 2 Minuten vorgaren. Abgießen, dabei die Brühe auffangen. Brokkoli kalt abschrecken.

4 Rosmarinnadeln abzupfen und hacken. Kartoffeln in einer beschichteten Pfanne in Öl anbraten, Rosmarin, Zwiebeln und Paprika kurz mitrösten. Brokkoli unterheben, mit der Brühe ablöschen. Mit Salz, Pfeffer und Zitronensaft abschmecken.

5 In etwa 4 Minuten fertig schmoren. Mit zerbröckeltem Feta und Pinienkernen servieren.

Pro Portion ca. 4 BE/5 KE

Medaillons „al forno"

Zutaten für 4 Portionen

1,3 kg Kartoffeln
4 kleine Zucchini
400 g Schweinefilet
Salz, Pfeffer (Mühle)
3 EL Olivenöl
4 große Tomaten
200 ml Gemüsebrühe (Instant)
1 TL Oregano
250 g Light-Mozzarella
8 schwarze Oliven (entsteint)
½ Bund Basilikum

Zubereitung

1 Kartoffeln in Salzwasser kochen, pellen und warm stellen. Schweinefilet waschen, trocken tupfen und in dünne Scheiben schneiden.

2 Gemüse waschen und putzen. Zucchini längs halbieren und in dünne Scheiben schneiden. Oliven, Mozzarella und Tomaten ebenfalls in Scheiben schneiden. Basilikumblättchen abzupfen.

3 Das Schweinefilet mit Salz und Pfeffer würzen, in einer Pfanne in 2 EL Öl von beiden Seiten anbraten und in eine Gratinform legen. Brühe angießen. Zucchini mit 1 EL Öl im Bratfett kurz anbraten und mit den Oliven um die Medaillons verteilen. Tomatenscheiben auf das Filet legen. Mozzarella daraufgeben. Mit Salz, Pfeffer und Oregano würzen.

4 Im vorgeheizten Backofen bei 180 °C etwa 20 Minuten gratinieren. Mit Basilikum garnieren und mit Pellkartoffeln servieren.

Pro Portion ca. 4 BE/5 KE

Nudelgratin „Portofino"

Zutaten für 4 Portionen

300 g Vollkornnudeln
(z. B. Spiralen, Penne)
Salz, Pfeffer (Mühle)
4 EL Olivenöl
2 rote Zwiebeln
1 gelbe Paprika
2 Knoblauchzehen
2 kleine Zucchini
1 Zweig Rosmarin
2 Dosen stückige Tomaten
(ca. 800 g)
500 ml Gemüsebrühe (Instant)
2 EL roter Balsamico
1 TL Oregano
200 g Ricotta
4 EL geriebener Parmesan
2 EL Pinienkerne

Zubereitung

1 Nudeln in der Hälfte der auf der Packung angegebenen Garzeit sehr bissfest kochen. Pinienkerne in einer Pfanne ohne Fett rösten, herausnehmen und beiseitestellen.

2 Gemüse waschen und putzen. Zwiebeln und Paprika in Streifen, Zucchini in Scheiben schneiden. Knoblauch fein hacken.

3 Zwiebeln in einer beschichteten Pfanne in 3 EL Öl anbraten. Zucchini, Paprika, Knoblauch und Rosmarinnadeln zugeben und mitbraten. Tomaten und Brühe unterrühren. Soße mit Salz, Pfeffer, Balsamico und Oregano abschmecken.

4 Gratinform mit 1 EL Öl fetten. Abgetropfte Nudeln mit der Gemüsesoße mischen und in eine Form füllen. Ricotta und Parmesan darauf verteilen.

5 Auflauf im vorgeheizten Ofen bei 180 °C etwa 20 Minuten backen, mit Pinienkernen garnieren.

Pro Portion ca. 4 BE/5 KE

Tomaten-Auberginen-Gratin

Zutaten für 4 Portionen

1,1 kg Kartoffeln
2 kleine Auberginen
4 EL Olivenöl
Salz, Pfeffer (Mühle)
800 g Fleischtomaten
2 Zwiebeln
2 Knoblauchzehen
8 Thymianzweige
roter Balsamico
100 g geriebener Parmesan
4 EL Paniermehl

Für den Salat
200 g Blattsalat
(z. B. Kopfsalat, Romana)
etwas Rucola
2 Frühlingszwiebeln
Dressing, Seite 104

Zubereitung

1 Kartoffeln garen, pellen und in Scheiben schneiden. Auberginen waschen, putzen und in Scheiben schneiden. Diese in einer beschichteten Pfanne in 2 EL Öl beidseitig braten, salzen und pfeffern, auf Küchenpapier abtropfen lassen.

2 Tomaten waschen. Die Hälfte entkernen und fein würfeln. Übrige Tomaten in Scheiben schneiden. Zwiebeln und Knoblauch hacken und in der Pfanne in 2 EL Öl glasig dünsten. Tomatenwürfel und die Hälfte der abgezupften Thymianblättchen zugeben. Kurz köcheln lassen, mit Balsamico, Salz und Pfeffer abschmecken.

3 Kartoffel-, Auberginen- und Tomatenscheiben in eine Gratinform schichten. Käse, Paniermehl und restliche Thymianblättchen darüberstreuen und bei 180 °C 20 Minuten backen.

4 Zutaten für den Salat waschen und putzen, mit Dressing mischen und zum Auflauf servieren.

Pro Portion ca. 4 BE/5 KE

Salbei-Orangen-Hähnchen

Zutaten für 4 Portionen

900 g Kartoffeln
1 Zwiebel
600 g Hähnchenbrustfilet
12 Salbeiblätter
2 EL Olivenöl
2 EL Honig
Saft und 1 bis 2 EL abgeriebene
Schale von 2 Bio-Orangen (300 g)
200 ml Hühnerbrühe (Instant)
8 Karotten
250 g Stangensellerie
4 EL Diätmargarine
Salz, bunter Pfeffer (Mühle)
Petersilie

Zubereitung

1 Kartoffeln kochen, abkühlen lassen, pellen und grob würfeln. Zwiebel putzen, in feine Streifen schneiden und in eine ofenfeste Form geben. Hähnchenbrustfilet abbrausen und trocken tupfen. Leicht salzen und darauflegen.

2 8 Salbeiblätter fein hacken. Mit Orangenschale, Öl, Honig, 4 EL Orangensaft und den Gewürzen mischen. Auf dem Hähnchenfilet verteilen. Den restlichen Orangensaft mit der Brühe verrühren und angießen. Im vorgeheizten Backofen bei 180 °C etwa 25 Minuten garen.

3 Inzwischen Karotten und Sellerie waschen, putzen, in Scheiben schneiden und in 2 EL Diätmargarine andünsten. Mit wenig Wasser zugedeckt etwa 10 Minuten garen. Mit Salz, Pfeffer und den restlichen gehackten Salbeiblättern abschmecken.

4 Hähnchenfilet in Scheiben mit Bratensud und Gemüse anrichten. Kartoffelwürfel mit Petersilie in der restlichen Margarine schwenken, leicht salzen und dazu servieren.

Pro Portion ca. 4 BE/5 KE

Gyros-Pfanne mit Kräuterreis

Zutaten für 4 Portionen

250 g Vollkornreis
4 EL Olivenöl
Salz, Pfeffer (Mühle)
4 kleine Schweineschnitzel
(à 125 g)
2 EL Gyros-Gewürz
2 EL Zitronensaft
1 rote Zwiebel
1 rote Paprika
1 gelbe Paprika
2 Knoblauchzehen
1 Dose stückige Tomaten
(ca. 400 g)
gehackte Petersilie
Zitronenthymian
1 TL abgeriebene Schale einer
Bio-Zitrone

Für den Salat

200 g Blattsalat (z. B. Burgunder,
Lollo rossa)
½ Salatgurke
1 EL Schnittlauchröllchen
Dressing, Seite 104

Zubereitung

1 Reis nach Packungsanweisung garen. Olivenöl mit Gyros-Gewürz und Zitronensaft verrühren. Fleisch in Streifen schneiden und mit der Marinade mischen, kurz ziehen lassen. Inzwischen Paprika putzen und in Streifen schneiden. Knoblauch fein hacken.

2 Fleisch in einer beschichteten Pfanne rundherum anbraten, herausnehmen.

3 Zwiebel putzen, in Streifen schneiden und im Bratfett andünsten. Paprikastreifen und Knoblauch im Bratfett kurz mitbraten. Tomaten unterrühren. Zugedeckt etwa 3 Minuten bei milder Hitze garen.

4 Fleisch unter das Gemüse mischen und kurz miterhitzen. Abschmecken und mit Petersilie garnieren.

5 Gegarten Reis mit Thymianblättchen und Zitronenschale mischen, Gyros-Pfanne darauf anrichten. Salat putzen und waschen. Gurke schälen und würfeln. Zutaten für das Dressing vermischen und mit Schnittlauchröllchen unter den Salat heben.

Pro Portion ca. 4 BE/5 KE

Lammspieße mit Harissa-Kartoffeln und Minze-Dip

Zutaten für 4 Portionen

1,3 kg kleinere Kartoffeln
3 EL Olivenöl
2 TL Harissa (Gewürzmischung)
Salz, Pfeffer (Mühle)
400 g geputzte grüne Bohnen
2 rote Zwiebeln
4 rote Spitzpaprika
Petersilie
500 g Lammfilet
Metallspieße

Für den Dip

250 g Magerquark
1 bis 2 EL Zitronensaft
etwas abgeriebene Schale
einer Bio-Zitrone
Salz, Pfeffer (Mühle)
Chiliflocken
gehackte Minze

Zubereitung

1 Kartoffeln gründlich waschen, abbürsten und längs halbieren. Harissa mit 1 EL Öl verrühren, Schnittflächen der Kartoffeln damit bepinseln und leicht salzen. Kartoffeln auf einem mit Backpapier belegten Blech im vorgeheizten Ofen bei 200 °C etwa 20 Minuten goldbraun backen.

2 Inzwischen die Bohnen in Stücke schneiden, in wenig leicht gesalzenem Wasser etwa 8 Minuten garen. Zwiebeln und Paprika putzen, in Streifen schneiden und in einer beschichteten Pfanne in 1 EL Öl etwa 5 Minuten braten, Bohnen und etwas Bohnensud untermischen. Mit Salz, Pfeffer und Petersilie abschmecken.

3 Lammfilet in Würfel schneiden, auf Spieße schieben, pfeffern. In einer beschichteten Pfanne im restlichen Öl braten, salzen.

4 Für den Dip Quark mit den übrigen Zutaten verrühren und abschmecken. Mit Lammspießen, Gemüse und Kartoffeln anrichten.

Pro Portion ca. 4 BE/5 KE

Brokkoli-Zitronen-Pasta

Zutaten für 4 Portionen

300 g Vollkornlinguine
Salz
600 g Brokkoli
200 g Spitzkohl
4 Frühlingszwiebeln
2 Knoblauchzehen
2 EL Olivenöl
2 Tassen Gemüsebrühe (Instant)
200 g Frischkäse (0,2 % Fett)
4 EL Sauerrahm
Saft und etwas abgeriebene
Schale von 1 Bio-Zitrone
2 EL Limoncello (Zitronenlikör)
1 Chilischote
2 EL Pinienkerne

Für den Salat

8 Tomaten in Scheiben
2 kleine rote Zwiebeln
2 EL weißer Balsamico
Salz, Pfeffer (Mühle)
2 EL Olivenöl
Basilikumblättchen

Zubereitung

1 Nudeln nach Packungsanweisung garen. Pinienkerne in einer beschichteten Pfanne ohne Fett rösten.

2 Gemüse waschen und putzen, Brokkoli in kleine Röschen teilen, Strunk würfeln. Spitzkohl in Streifen schneiden und gemeinsam mit dem Brokkoli kurz blanchieren.

3 Frühlingszwiebeln in Ringe schneiden. Knoblauch und Chilischote hacken. Zwiebelweiß in einer beschichteten Pfanne in 2 EL Öl dünsten, Kohl und Knoblauch zufügen und 3 bis 5 Minuten braten. Gemüse mit Brühe ablöschen, Frischkäse unterrühren und aufkochen. Mit Rahm, Salz, Zitronensaft und -schale, Likör und etwas Chili abschmecken.

4 Gemüse mit Nudeln und Pinienkernen mischen und mit Chili und Zwiebelgrün garnieren.

5 Für den Salat Tomaten in Scheiben und Zwiebeln in Streifen schneiden, Basilikumblättchen zupfen. Ein Dressing zubereiten und zu den Tomaten geben.

Pro Portion ca. 4 BE/5 KE

Fisch-Gemüse-Pasta

Zutaten für 4 Portionen

300 g Vollkornlinguine
Salz, bunter Pfeffer (Mühle)
4 Karotten
3 kleine Zucchini
500 g Seehechtfilet
(frisch oder TK)
4 Frühlingszwiebeln in
feinen Ringen
2 Knoblauchzehen
150 g Kirschtomaten
6 EL Olivenöl
8 Thymianzweige
Saft von 1 Zitrone

Zubereitung

1 Nudeln nach Packungsanweisung bissfest kochen. Karotten und Zucchini waschen,
putzen, mit einem Sparschäler breite Streifen
abziehen.

2 Fischfilets grob würfeln, leicht salzen und
pfeffern. In einer beschichteten Pfanne in 2 EL
Öl rundum braten, herausnehmen.

3 Das Weiße der Frühlingszwiebeln und die
Gemüsestreifen in Bratfett und restlichem
Öl etwa 3 Minuten braten. Knoblauch und
Tomaten zufügen und kurz mitbraten.
Fisch zufügen und mit Thymianblättchen,
Zitronensaft, Salz und Pfeffer würzen.

4 Abgetropfte Nudeln vorsichtig unterheben
und mit Zwiebelgrün garnieren.

Pro Portion ca. 4 BE/5 KE

Hähnchen-Saltimbocca

Zutaten für 4 Portionen

1,3 kg Kartoffeln
400 g Hähnchenschnitzel
80 g Parmaschinken
8 Salbeiblätter
Zahnstocher
4 EL Olivenöl
4 EL trockener Weißwein
1 rote Zwiebel
2 Knoblauchzehen
4 Karotten
600 g Mangold
2 Tassen Gemüsebrühe (Instant)
Saft und etwas abgeriebene
Schale von einer Bio-Zitrone
Salz, Pfeffer (Mühle)
2 EL Pinienkerne

Zubereitung

1 Kartoffeln kochen, pellen, vierteln und warm stellen. Pinienkerne in einer beschichteten Pfanne ohne Fett rösten und beiseitestellen.

2 Gemüse waschen und putzen. Mangoldstiele und -blätter in Streifen schneiden. Karotten in Stifte, Zwiebeln in Streifen schneiden, Knoblauch fein hacken.

3 Zwiebeln, Knoblauch, Mangoldstiele und Karotten in 2 EL Öl 3 Minuten anbraten. Mit Brühe und etwas Zitronensaft ablöschen. Mit Zitronenschale, Salz und Pfeffer würzen. Mangoldblätter zugeben und 5 Minuten mitgaren. Abschmecken und mit gerösteten Pinienkernen bestreuen.

4 Die Schnitzel pfeffern, Schinken und Salbei darauflegen und mit je einem Zahnstocher pro Schnitzel feststecken. Auf der Schinkenseite zuerst in einer beschichteten Pfanne in 2 EL Öl rundherum braten. Mit Wein ablöschen, im Bratfond schwenken. Mit Kartoffeln und Mangoldgemüse servieren.

Pro Portion ca. 4 BE/5 KE

Lammsteak mit Gemüse-Couscous

Zutaten für 4 Portionen

250 g Couscous (Instant)
500 ml Gemüsebrühe (Instant)
4 EL Öl
4 Frühlingszwiebeln
2 Knoblauchzehen
4 Karotten
1 gelbe Paprika
1 rote Paprika
2 EL Ajvar (Paprika-Paste, Glas)
½ TL Kreuzkümmel
½ TL Currypulver
150 g Kirschtomaten
120 g abgetropfte Kichererbsen
(Dose)
Salz, Pfeffer (Mühle)
gehackte Minze
4 Lamm-Hüftsteaks
(à 125 g)

Zubereitung

1 Brühe aufkochen, Couscous darin ausquellen lassen. Gemüse waschen und putzen,
Paprika und Karotten würfeln, Kirschtomaten
halbieren, Zwiebeln in Ringe schneiden.

2 Das Weiße der Zwiebeln, Karotten und
Paprika in 2 EL Öl andünsten. Knoblauch,
Ajvar, Kreuzkümmel und Curry zufügen.
Tomaten und Kichererbsen kurz mitgaren,
bei Bedarf etwas Wasser angießen. Couscous
unterheben. Mit Gewürzen, Zwiebelgrün und
gehackter Minze abschmecken.

3 Steaks pfeffern, in 2 EL Öl braten, leicht
salzen und mit Gemüse-Couscous anrichten.

Pro Portion ca. 4 BE/5 KE

Putensteak „Sicilia"

Zutaten für 4 Portionen

250 g Polenta
(Instant-Maisgrieß)
500 ml Milch (1,5 % Fett)
500 ml Wasser
Salz, Pfeffer (Mühle)
2 EL geriebener Parmesan
400 g Kirschtomaten
2 Zwiebeln
2 EL Kapern (Glas)
8 bis 12 Salbeiblätter
2 gelbe Paprika
4 Putensteaks (à 100 g)
edelsüßes Paprikapulver
4 EL Olivenöl
1 EL roter Balsamico

Zubereitung

1 Kirschtomaten waschen und halbieren. Steaks waschen und trocken tupfen, mit Pfeffer und Paprikapulver würzen und in einer beschichteten Pfanne in 2 EL Öl braten und herausnehmen.

2 Zwiebeln und Paprika im Bratfett und in 2 EL Öl in der Pfanne andünsten. Kapern und halbierte Tomaten zufügen, salzen und pfeffern. Das Gemüse zugedeckt 5 Minuten schmoren.

3 Inzwischen Wasser mit Milch aufkochen, salzen, pfeffern. Polenta und geriebenen Käse einrühren und ausquellen lassen.

4 Gehackten Salbei unter das Gemüse mischen. Steaks dazugeben und kurz miterhitzen. Mit Salz, Pfeffer und Balsamico abschmecken.

Pro Portion ca. 4 BE/5 KE

Halloumi-Spieße auf Salat

Zutaten für 4 Portionen

200 g Grillkäse (Halloumi)
1 Bund Frühlingszwiebeln
1 gelbe Paprika
1 Aubergine
2 Knoblauchzehen
½ TL gehackter Rosmarin
½ TL getrockneter Thymian
2 EL Olivenöl
2 EL Zitronensaft
Salz, Pfeffer (Mühle)
8 Holzspieße
480 g Vollkorn-Baguette

Für den Salat
200 g Blattsalat
etwas Rucola
125 g Kirschtomaten
12 schwarze Oliven (entsteint)
Dressing, Seite 104

Zubereitung

1 Gemüse waschen und putzen. Halloumi-Käse und Aubergine grob würfeln, Zwiebeln und Paprika in Stücke schneiden. Gemüse und Käse abwechselnd auf Spieße schieben.

2 Knoblauch hacken, mit Thymian, Rosmarin, Zitronensaft und 2 EL Öl verrühren. Spieße damit bepinseln.

3 Gemüsespieße im Ofen auf der obersten Stufe etwa 15 Minuten grillen, dabei wenden.

4 Salatzutaten waschen und anrichten. Mit halbierten Kirschtomaten, Oliven und Dressing mischen. Spieße auf den Salat legen und mit Baguette servieren.

Pro Portion ca. 4 BE/5 KE

Pasta mit Lamm und Pflaumen

Zutaten für 4 Portionen

250 g Vollkornnudeln
(z. B. Tortiglioni, Penne)
Salz, Pfeffer
3 EL Olivenöl
2 rote Zwiebeln
2 Knoblauchzehen
2 Zweige Rosmarin
2 Zweige Thymian
250 g Pflaumen
500 g Lammfilet in Scheiben
2 EL Honig
100 ml leichter Rotwein
150 ml Fleischbrühe (Instant)
Zimt

Für den Salat
200 g Blattsalat
(z. B. Lollo rossa, Batavia)
etwas Rucola
1 Fenchelknolle
2 Frühlingszwiebeln
Dressing, Seite 104

Zubereitung

1 Nudeln nach Packungsanweisung bissfest kochen. Pflaumen entkernen und vierteln. Zwiebeln schälen, in Streifen schneiden. Rosmarin, Thymianblättchen und Knoblauch hacken.

2 Filet in Scheiben schneiden, pfeffern und in einer beschichteten Pfanne in 2 EL Öl kurz scharf anbraten. Das Fleisch sollte innen noch rosa sein. Fleisch leicht salzen, herausnehmen und in Alufolie eingeschlagen ziehen lassen.

3 Zwiebeln und Kräuter im Bratfett mit 1 EL Öl anbraten, Knoblauch zufügen und kurz mitbraten. Honig zugeben und karamellisieren lassen. Mit Wein ablöschen, kurz einkochen. Brühe angießen und mit einer Prise Zimt, Salz und Pfeffer abschmecken.

4 Nudeln abgießen. Etwa 200 ml Nudelwasser mit Pflaumen in die Soße rühren. Aufkochen lassen. Nudeln und Lammfilets unterheben und kurz ziehen lassen.

5 Salat waschen und putzen, Fenchel und Frühlingszwiebel in feine Streifen schneiden. Mit Dressing mischen und zu den Nudeln servieren.

Pro Portion ca. 4 BE/5 KE

Kürbis-Gorgonzola-Pasta

Zutaten für 4 Portionen

250 g Vollkornnudeln
(z. B. Spaghetti, Rigatoni)
Salz, Pfeffer (Mühle)
500 g Kürbis (z. B. Hokkaido)
2 EL Olivenöl
4 Frühlingszwiebeln
2 Knoblauchzehen
400 ml Milch (1,5 % Fett)
120 g Gorgonzola
8 Salbeiblättchen
rosa Pfefferbeeren
4 EL gehackte Walnüsse

Für den Tomaten-Feldsalat
200 g geputzter Feldsalat
200 g Kirschtomaten
Dressing, Seite 104

Zubereitung

1 Nudeln nach Packungsanweisung bissfest kochen. Walnüsse in einer beschichteten Pfanne ohne Fett rösten und beiseitestellen.

2 Gemüse waschen und putzen. Kürbis erst in dünne Spalten, dann in Stücke schneiden. Frühlingszwiebeln in Ringe schneiden. Knoblauch fein hacken.

3 Zwiebelweiß, Knoblauch und Kürbis in einer beschichteten Pfanne in 2 EL Öl andünsten. Gemüse mit Milch ablöschen, kurz aufkochen, salzen und 10 Minuten garen.

4 Salbeiblättchen in Streifen schneiden, dazugeben. Käse in der Soße schmelzen lassen, abgetropfte Nudeln unterrühren und mit Salz und Pfeffer abschmecken. Mit den Nüssen, zerstoßenen Pfefferbeeren und Zwiebelgrün garnieren.

5 Salat waschen und putzen, Kirschtomaten halbieren, Dressing zubereiten und unter den Salat mischen. Zu den Nudeln servieren.

Pro Portion ca. 4 BE/5 KE

Scharfe Gemüse-Fisch-Pfanne

Zutaten für 4 Portionen

250 g Wildreis-Mischung
Salz, Pfeffer (Mühle)
4 EL gehackte Petersilie
Saft und etwas abgeriebene
Schale von 1 Bio-Zitrone
500 g Seelachsfilet (frisch/TK)
4 EL Öl
1 Bund Frühlingszwiebeln
2 Knoblauchzehen
2 EL Tomatenmark
2 TL gerebelter Thymian
200 ml Gemüsebrühe (Instant)
4 EL Ajvar (Paprika-Paste, Glas)
1 Salatgurke
1 rote Paprika
1 gelbe Paprika
1 EL gehackter Dill
400 g Naturjoghurt (3,5 % Fett)
2 EL geriebener Meerrettich
rote Pfefferbeeren

Zubereitung

1 Reis nach Packungsanweisung garen und mit gehackter Petersilie und etwas abgeriebener Zitronenschale mischen.

2 Gemüse waschen und putzen, Paprika in Streifen schneiden, Gurke der Länge nach vierteln. Gurkenstücke in Scheiben, Frühlingszwiebeln in Ringe schneiden, Knoblauch hacken.

3 (Aufgetauten) Fisch abbrausen und trocken tupfen, in Stücke teilen, leicht pfeffern. In einer beschichteten Pfanne in 2 EL Öl von beiden Seiten kurz braten und herausnehmen.

4 Zwiebeln und Knoblauch mit 2 EL Öl im Bratfett anbraten. Tomatenmark und Paprika zugeben und kurz mitbraten. Thymian, Brühe, Ajvar und Gurke dazugeben, aufkochen und zugedeckt bei milder Hitze etwa 5 Minuten garen. Fisch darauflegen und erhitzen. Mit Salz, Pfeffer und Zwiebelgrün abschmecken.

5 Joghurt mit Salz, Zitronensaft, Meerrettich, Dill und zerstoßenen Pfefferbeeren würzen und mit dem Reis zum Fisch servieren.

Pro Portion ca. 4 BE/5 KE

Tagliatelle „Verdura"

Zutaten für 4 Portionen

300 g Vollkornnudeln
(z. B. Tagliatelle)
Salz, Pfeffer (Mühle)
4 EL Olivenöl
2 rote Zwiebeln
2 Knoblauchzehen
1 rote Chilischote
80 g schwarze Oliven (entsteint)
4 Karotten
120 g Erbsen (TK)
200 ml Gemüsebrühe (Instant)
200 g Kirschtomaten
4 Zweige Thymian
80 g gehobelter Parmesan
Basilikum

Zubereitung

1 Nudeln nach Packungsanweisung bissfest kochen. Inzwischen Gemüse waschen und putzen. Tomaten halbieren, Karotten mit dem Sparschäler längs in dünne Scheiben schneiden. Zwiebeln in Streifen, Chilischote in feine Ringe schneiden, Knoblauch hacken.

2 Erbsen in Brühe 3 Minuten garen. Zwiebeln und Karotten in 1 EL Öl andünsten, Knoblauch, Chili und Oliven 1 Minute mitdünsten. Erbsen samt Brühe, Tomaten und Thymianblättchen unterrühren, kurz miterhitzen.

3 Abgetropfte Nudeln unterheben, salzen und pfeffern. Mit Parmesan und Basilikumblättchen servieren.

Pro Portion ca. 4 BE/5 KE

Pasta mit Kohlrabi und Pilzen

Zutaten für 4 Portionen

300 g Vollkornnudeln
(z. B. Farfalle, Rotelle)
Salz, Pfeffer (Mühle)
1 Kohlrabi
400 ml Gemüsebrühe (Instant)
3 EL Olivenöl
4 Frühlingszwiebeln
400 g Pfifferlinge
200 g Kirschtomaten
2 EL Zitronensaft
etwas abgeriebene Schale einer
Bio-Zitronenschale
250 g Mini-Light-Mozzarella
2 EL Kürbiskerne
Basilikum oder gehackte Petersilie

Für den Salat
75 g geputzter Feldsalat
Dressing, Seite 104

Zubereitung

1 Nudeln bissfest kochen. Inzwischen das Gemüse und Pilze waschen und putzen. Kirschtomaten halbieren. Zwiebeln in Ringe schneiden. Kohlrabi schälen und würfeln und in Brühe 3 Minuten garen. Kürbiskerne in einer Pfanne ohne Fett rösten.

2 Zwiebelweiß in einer beschichteten Pfanne in 3 EL Öl andünsten. Pfifferlinge zugeben, bei milder Hitze etwa 5 Minuten dünsten. Tomaten, Kohlrabi samt Sud, Zitronensaft und -schale unterheben und kurz weitergaren. Mit Salz und Pfeffer würzen.

3 Nudeln, Mozzarella und Zwiebelgrün untermischen und abschmecken. Mit Kürbiskernen und Kräutern garnieren.

4 Salat waschen und putzen. Dressing zubereiten und unter den Salat mischen.

Pro Portion ca. 4 BE / 5 KE

Involtini auf Pilzgemüse

Zutaten für 4 Portionen

1,3 kg Frühkartoffeln
4 dünne Putenschnitzel (à 125 g)
Salz, bunter Pfeffer (Mühle)
12 Salbeiblättchen
80 g Gorgonzola
4 EL Olivenöl
2 rote Zwiebeln
2 Knoblauchzehen
200 g Champignons
300 g Zucchini
1 gelbe Paprika
200 ml Hühnerbrühe (Instant)
4 EL weißer Balsamico
4 Zweige Rosmarin
Zahnstocher

Zubereitung

1 Kartoffeln kochen. Inzwischen Gemüse waschen und putzen. Zwiebeln in Streifen, Paprika in Würfel und Zucchini in Scheiben schneiden. Pilze vierteln. Knoblauch und Rosmarin fein hacken.

2 Schnitzel in Klarsichtfolie einschlagen und mit dem Nudelholz flach drücken. Fleisch salzen, pfeffern und quer halbieren. Hälften mit Salbei und Gorgonzola belegen, einrollen und die Enden mit Zahnstochern fixieren.

3 Fleischrollen in einer beschichteten Pfanne in 2 EL Öl rundherum braten, herausnehmen.

4 Zwiebeln und Knoblauch im Bratfett mit 2 EL Öl andünsten. Pilze, Zucchini, Paprika und Rosmarin unter Rühren mitbraten. Mit Brühe und Essig aufkochen. Involtini darin bei milder Hitze etwa 5 Minuten gar ziehen lassen.

5 Gemüse abschmecken, mit Involtini und Pellkartoffeln servieren.

Pro Portion ca. 4 BE/5 KE

Pasta „Puttanesca"

Zutaten für 4 Portionen

300 g Vollkornnudeln
(z. B. Rotelle, Penne)
Salz, Pfeffer (Mühle)
2 EL Olivenöl
1 Zwiebel
2 Knoblauchzehen
4 Zweige Zitronenthymian
2 Dosen stückige Tomaten
(ca. 800 g)
Salz, Pfeffer (Mühle)
12 grüne Oliven
(entsteint, ohne Öl)
2 kleine Dosen Thunfisch
(natur, ohne Öl, à 80 g)
2 EL roter Balsamico

Für den Salat
1 Bund Rucola
200 g Austernpilze
2 Frühlingszwiebeln
1 TL Öl
Dressing, Seite 104

Zubereitung

1 Nudeln sehr bissfest kochen. Inzwischen Zwiebel würfeln, Knoblauch fein hacken. Oliven halbieren.

2 Zwiebeln in 2 EL Öl anbraten. Knoblauch und Thymianblättchen mitdünsten. Tomaten zugeben, salzen und pfeffern. Die Soße etwa 5 Minuten zugedeckt köcheln lassen.

3 Oliven hinzugeben und kurz mitgaren. Mit Balsamico, Salz, Pfeffer und Thymian abschmecken. Thunfisch abgießen, in Stücke zupfen und zur Soße geben. Abgetropfte Nudeln untermischen und erneut kurz aufkochen lassen.

4 Für den Salat Pilze und Ruccola putzen. Pilze und Zwiebelweiß in einer beschichteten Pfanne in 1 TL Öl anbraten, salzen und pfeffern. Auf dem Rucola anrichten, mit Zwiebelgrün garnieren. Dressing zubereiten und unter den Salat mischen.

Pro Portion ca. 4 BE/5 KE

Vegetarisch

Ricotta-Puffer mit Fenchel-Erdbeer-Salat

Zutaten für 4 Portionen

4 Eier
250 g Ricotta
180 g Mehl Type 1050
160 ml Milch (1,5 % Fett)
Salz, Pfeffer (Mühle)
2 EL Schnittlauchröllchen
gehackte Basilikumblättchen
2 EL Olivenöl
1 TL abgeriebene Schale einer
Bio-Zitrone

Für den Salat
200 g Blattsalat
(z. B. Eichblatt, Burgunder)
2 Fenchelknollen
500 g Erdbeeren
2 EL weißer Balsamico
1 EL Zitronensaft
2 EL Honig
Salz, Pfeffer (Mühle)
1 EL Öl
2 EL Mandelstifte
Basilikum

Zubereitung

1 Salat, Erdbeeren und Fenchel waschen und putzen. Fenchel in feine Streifen schneiden, Erdbeeren halbieren. Salat, Fenchel und Hälfte der Erdbeeren auf einem Teller anrichten.

2 Restliche Erdbeeren fein pürieren, mit Essig, Zitronensaft, Honig, Gewürzen und Öl verrühren. Mandelstifte in einer Pfanne ohne Fett rösten. Dressing über den Salat träufeln und mit Mandeln und gehacktem Basilikum garnieren.

3 Für die Puffer Eier trennen. Eigelbe mit Ricotta, Mehl und Milch und Zitronenschale zu einem Teig verquirlen, kurz quellen lassen. Etwas Salz, Pfeffer, Basilikum und Schnittlauchröllchen unterrühren. Eiweiße mit 1 Prise Salz steif schlagen, unterheben.

4 Aus dem Teig in einer beschichteten Pfanne in Öl bei mittlerer Hitze kleine, goldbraune Puffer backen. Mit dem Salat servieren.

Pro Portion ca. 4 BE/5 KE

Winter-Lasagne

Zutaten für 4 Portionen

12 Vollkorn-Lasagneplatten
(ohne Vorkochen, ca. 250 g)
1 Stange Lauch
400 g Karotten
1 Petersilienwurzel
4 EL Diätmargarine
2 Knoblauchzehen
2 EL Mehl (Type 1050)
1 EL gehackter Rosmarin
1 EL gehackter Thymian
Salz, Pfeffer (Mühle)
Muskatnuss
400 ml Milch (1,5 % Fett)
400 ml Gemüsebrühe (Instant)
4 EL Hüttenkäse (20 % Fett)
etwas abgeriebene Schale
einer Bio-Zitrone
400 g gegarte Rote Bete
(vakuumverpackt)
120 g fettreduzierter
geriebener Gouda
1 TL zerstoßene Pfefferbeeren

Zubereitung

1 Gemüse waschen und putzen. Lauch in Ringe, Karotten, Rote Bete und Petersilienwurzel in Scheiben schneiden. Knoblauch fein hacken. Lauch, Petersilienwurzel und Karotten mit 3 EL Margarine in einer beschichteten Pfanne kurz andünsten.

2 Gemüse mit Mehl bestäuben, mit Milch und Brühe ablöschen. Mit Salz, Pfeffer und Muskat würzen und zugedeckt bei milder Hitze sehr bissfest garen. Kräuter, Hüttenkäse und abgeriebene Zitronenschale zufügen.

3 Gratinform mit restlicher Margarine auspinseln. Boden dünn mit Gemüsesoße bestreichen, mit einer Schicht Lasagneplatten belegen. Restliche Soße und Rote Bete zwischen weiteren Platten verteilen, mit einer Plattenschicht und etwas Soße abschließen.

4 Lasagne mit Käse bestreuen. Eventuell noch etwas Brühe angießen. Bei 180 °C im vorgeheizten Ofen etwa 25 Minuten backen und mit Kräutern und Pfeffer garnieren.

Pro Portion ca. 4 BE/5 KE

Chicorée-Gratin
mit Zitronen-Polenta

Zutaten für 4 Portionen

8 Chicorée-Stauden (à ca. 100 g)
Salz, bunter Pfeffer (Mühle)
4 EL Olivenöl
200 g Kirschtomaten
400 ml Gemüsebrühe (Instant)
8 EL trockener Weißwein
4 EL Sauerrahm
160 g fettreduzierter
Blauschimmel-Weichkäse
geriebene Muskatnuss
gehackte Petersilie
250 g Polenta (Instant-Maisgrieß)
½ l Milch (1,5 % Fett)
½ l Wasser
1 TL abgeriebene Schale
einer
Bio-Zitronen
1 TL Zitronensaft

Zubereitung

1 Chicorée-Stauden längs halbieren und die Strünke entfernen.

2 Chicorée-Hälften in einer Pfanne mit 1 EL Öl von beiden Seiten kurz anbraten. Mit den Tomaten in eine Gratinform legen.

3 Brühe mit Wein und Rahm verrühren. Mit Muskat und Pfeffer würzen, auf dem Gemüse verteilen. Käse in feine Scheiben schneiden und auf das Gemüse legen. Im vorgeheizten Backofen bei 180 °C etwa 20 Minuten gratinieren.

4 Inzwischen Wasser mit Milch aufkochen, salzen und pfeffern. Polenta, Zitronenschale und -saft einrühren, ausquellen lassen.

5 Gratin mit Petersilie garnieren und mit Polenta servieren.

Pro Portion ca. 4 BE/5 KE

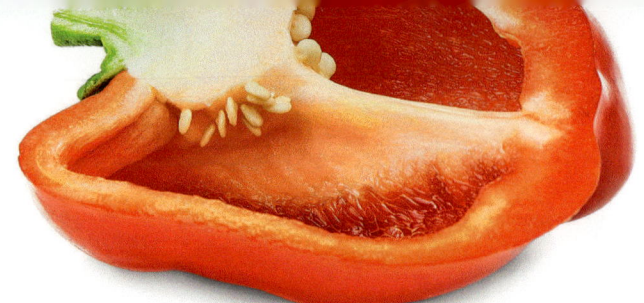

Bunte Ofen-Paprika

Zutaten für 4 Portionen

200 g Wildreis-Mischung
Salz, Pfeffer (Mühle)
2 große rote Paprika
2 große gelbe Paprika
2 EL Diätmargarine
2 EL Mehl Type 1050
250 ml Milch (1,5 % Fett)
400 ml Gemüsebrühe (Instant)
1 EL mittelscharfer Senf
1 EL Zitronensaft
2 EL Öl
4 Stangen Staudensellerie
4 Frühlingszwiebeln
150 g Erbsen (frisch oder TK)
gehackte Petersilie
120 g geriebener Bergkäse

Für den Salat
200 g Blattsalat
etwas Rucola
½ Salatgurke
2 Frühlingszwiebeln
Dressing, Seite 104

Zubereitung

1 Reis nach Packungsanweisung garen.

2 Inzwischen Gemüse waschen, Paprika halbieren und entkernen. Sellerie in feine Scheiben, Frühlingszwiebeln in Ringe schneiden.

3 Mehl und Margarine bei milder Hitze unter Rühren 2 Minuten anschwitzen. Milch und 200 ml Brühe angießen und aufkochen. Mit Senf, Pfeffer, Salz und Zitronensaft würzen.

4 Sellerie, Zwiebeln und Erbsen in Öl 5 Minuten anbraten, salzen und pfeffern. Mit gegartem Reis, 4 EL gehackter Petersilie und Senfsoße mischen.

5 Schoten mit Gemüsereis füllen und in eine ofenfeste Form setzen. Mit Käse bestreuen. Restliche Brühe angießen. Im Ofen bei 180 °C etwa 20 Minuten backen.

6 Zutaten für den Salat waschen und putzen. Ein Dressing zubereiten und unter den Salat mischen.

Pro Portion ca. 4 BE/5 KE

Käseknödel mit Pilzragout

Zutaten für 4 Portionen

Für die Knödel
400 g altbackene Vollkornbrötchen
400 ml warme Milch (1,5 % Fett)
4 Frühlingszwiebeln
8 Thymianzweige
2 TL Sonnenblumenöl
4 Eier
Salz, Pfeffer (Mühle)
geriebene Muskatnuss
4 EL geriebener Bergkäse
40 g Vollkorn-Paniermehl

Für das Ragout
800 g geputzte Pilze (z. B. braune
Champignons, Austernpilze,
Kräuterseitlinge)
1 Zwiebel
2 EL Öl
1 EL Zitronensaft
etwas abgeriebene
Bio-Zitronenschale
125 g Sauerrahm
1 EL mittelscharfer Senf
Salz, rote Pfefferbeeren
gehackte Petersilie

Zubereitung

1 Brötchen in Scheiben schneiden und in einer Schüssel mit Milch begießen. Durchmischen und etwa 15 Minuten ziehen lassen.

2 Das Weiße der Frühlingszwiebeln fein würfeln, das Grün in Ringe schneiden, beiseitestellen. Zwiebelwürfel in Öl andünsten. Mit abgezupften Thymianblättchen, Eiern, Pfeffer und Muskat zum Knödelbrot geben. Mit Käse und Paniermehl zu einem Teig verkneten.

3 8 Knödel daraus formen. In reichlich kochendes Wasser mit 1 Prise Salz legen. Bei milder Hitze zugedeckt etwa 15 Minuten gar ziehen lassen.

4 Inzwischen Pilze mit gehackter Zwiebel in Öl 3 Minuten andünsten. Etwas Zitronensaft und -schale zugeben, zugedeckt bei milder Hitze etwa 5 Minuten garen. Mit Rahm, Senf, Salz, Pfeffer und Petersilie würzen.

5 Knödel mit dem Schaumlöffel aus dem Wasser heben, auf dem Ragout anrichten. Mit Zwiebelgrün und zerstoßenen Pfefferbeeren garnieren.

Pro Portion ca. 4 BE/5 KE

Kartoffel-Karotten-Rösti auf Paprika-Kohl

Zutaten für 4 Portionen

1 kg mehligkochende Kartoffeln
4 Karotten
80 g fettreduzierter geriebener
Käse (z.B. Gouda, Emmentaler)
1 Zwiebel
40 g Mehl (Type 1050)
4 Eier
Salz, Pfeffer (Mühle)
Muskat
4 EL Öl

Für das Gemüse
400 g Weißkohl in Streifen
200 ml Gemüsebrühe (Instant)
Salz, Pfeffer (Mühle)
2 EL Öl
1 rote Zwiebel
1 rote Paprika
1 EL weißer Balsamico
gehackte Petersilie

Zubereitung

1 Kartoffeln und Karotten schälen und raspeln. Zwiebel fein hacken.

2 Kartoffeln und Karotten mit Käse, Zwiebeln, Mehl, Eiern, Salz, Pfeffer und Muskat zu einem klebrigen Teig verarbeiten.

3 Für das Gemüse Zwiebel, Kohl und Paprika in Streifen schneiden. Den Kohl etwa 15 Minuten in der Brühe garen. Zwiebeln in 2 EL Öl anbraten, Paprika zugeben und kurz andünsten. Gemüse mit Balsamico ablöschen und Kohl samt Sud unterrühren. Mit Gewürzen und Petersilie abschmecken.

4 Aus dem Kartoffelteig Rösti formen und in einer beschichteten Pfanne in Öl auf jeder Seite goldbraun braten. Fertige Rösti auf dem Gemüse anrichten.

Pro Portion ca. 4 BE/5 KE

Orangenspargel mit Mandeln und Feta-Dip

Zutaten für 4 Portionen

1,1 kg Frühkartoffeln
2 kg weißer Spargel
Salz, bunter Pfeffer (Mühle)
geriebene Muskatnuss
2 Bio-Orangen (300 g)
4 EL Mandelblättchen
4 EL Joghurt-Butter
gehackter Kerbel

Für den Dip

120 g fettreduzierter Schafskäse
(Feta, 9 % Fett i. Tr.)
400 g Naturjoghurt (1,5 % Fett)
4 EL Sauerrahm
etwas Zitronensaft
etwas abgeriebene Schale einer
Bio-Zitrone
6 bis 8 EL gehackte Kräuter
(z. B. Basilikum, Zitronenthymian)
Pfeffer

Zubereitung

1 Kartoffeln kochen. Inzwischen Spargel schälen, holzige Enden entfernen und in Wasser mit je 1 Prise Salz und Muskat etwa 20 Minuten garen.

2 Für den Dip Feta, Joghurt, Rahm, Zitronensaft, -schale und Kräuter fein pürieren, abschmecken.

3 Orangen waschen, etwas Schale abtrennen und in feine Streifen schneiden, den Saft auspressen. Mandeln in einer beschichteten Pfanne ohne Fett rösten. Butter und Orangensaft zugeben, bei milder Hitze leicht bräunen. Vom Herd ziehen, salzen und pfeffern, Orangenschale einrühren.

4 Abgetropften Spargel auf vorgewärmten Tellern anrichten. Orangen-Mandelsoße darauf verteilen, mit Kerbel garnieren. Dazu Pellkartoffeln und Dip servieren.

Pro Portion ca. 4 BE/5 KE

Pasta mit Rote-Bete-Bolognese

Zutaten für 4 Portionen

300 g Vollkornspaghetti
Salz, Pfeffer (Mühle)
1 Zwiebel
2 Knoblauchzehen
2 EL Olivenöl
200 g Stangensellerie
2 Zweige Rosmarin
2 Zweige Thymian
2 Lorbeerblätter
200 ml Fleischbrühe (Instant)
2 Dosen stückige Tomaten
(800 g)
400 g Rote Bete (gekocht,
vakuumverpackt)
roter Balsamico
1 TL geriebener Meerrettich
4 EL geriebener Parmesan
4 EL Sonnenblumenkerne

Für den Salat
300 g Blattsalat
(z. B. Feldsalat, Römersalat)
Dressing, Seite 104

Zubereitung

1 Nudeln nach Packungsanweisung bissfest kochen. Gemüse waschen und putzen. Inzwischen Zwiebel in Streifen, Stangensellerie in Scheiben schneiden, Knoblauch hacken. Sonnenblumenkerne in einer Pfanne ohne Fett rösten.

2 Zwiebeln in 2 EL Olivenöl anbraten, Knoblauch, Sellerie, fein gehackte Rosmarinnadeln, Thymianblättchen und Lorbeer zufügen und kurz mitbraten. Mit Brühe ablöschen, etwas einköcheln lassen. Tomaten samt Saft zugeben, salzen und pfeffern und zugedeckt bei milder Hitze etwa 10 Minuten garen.

3 Rote Bete abtropfen lassen, würfeln und zur Tomatensoße geben. Soße kurz aufkochen. Lorbeer entfernen. Mit Essig, Meerrettich, Salz, Pfeffer abschmecken.

4 Soße mit den Nudeln anrichten. Mit Parmesan, Kernen, Selleriegrün garnieren. Salat waschen und putzen, Dressing zubereiten und unter den Salat mischen, gemeinsam mit der Pasta servieren.

Pro Portion ca. 4 BE/5 KE

Möhrennudeln mit Bärlauch-Pesto

Zutaten für 4 Portionen

300 g Vollkornnudeln
(z. B. Bandnudeln, Spaghetti)
Salz, Pfeffer (Mühle)
4 EL Olivenöl
600 g Karotten
6 EL frisch geriebener Parmesan

Für das Pesto
2 EL Pinienkerne
2 EL Olivenöl
4 EL Zitronensaft
4 EL gehackter Bärlauch
4 EL frisch geriebener Parmesan

Zubereitung

1 Nudeln nach Packungsanweisung bissfest kochen.

2 Inzwischen Pinienkerne in einer Pfanne ohne Fett rösten. Alle Zutaten für das Pesto in ein hohes Gefäß geben und mit dem Blitzhacker zu einer Paste verarbeiten. Ist das Pesto zu fest, etwas Wasser zugeben.

3 Karotten schälen und mit dem Sparschäler in dünne Streifen schneiden. In einer beschichteten Pfanne in Öl bei mittlerer Hitze bissfest dünsten, leicht salzen und pfeffern.

4 Nudeln abgießen, dabei 200 ml Nudelwasser auffangen. Pesto und Nudelwasser zu den Karotten geben.

5 Abgetropfte Nudeln daruntermischen und abschmecken, mit Parmesan garnieren.

Pro Portion ca. 4 BE/5 KE

Kartoffel-Rosenkohl-Gratin

Zutaten für 4 Portionen

800 g Kartoffeln
4 Karotten
4 Petersilienwurzeln
500 g Rosenkohl
500 ml Gemüsebrühe
1 rote Zwiebel
2 EL Öl
2 EL Mehl Type 1050
600 ml Milch (1,5 % Fett)
Salz, bunter Pfeffer (Mühle)
Muskat
gehackte Petersilie
120 g geriebener Bergkäse
4 EL Paniermehl
2 EL gehackte Haselnüsse
2 Zweige Zitronenthymian

Zubereitung

1 Kartoffeln bissfest garen. Inzwischen Gemüse waschen und putzen. Rosenkohl halbieren, Karotten und Petersilienwurzel in dünne Scheiben schneiden. Kohl in der Gemüsebrühe etwa 3 Minuten garen, Karotten- und Petersilienwurzelscheiben zugeben, nochmals 2 Minuten garen. Gemüse abgießen, Sud auffangen.

2 Abgekühlte Kartoffeln pellen und in Scheiben schneiden. Anschließend mit dem Gemüse in eine Gratinform schichten und 8 EL Gemüsesud zugeben.

3 Zwiebel in Streifen schneiden und im Öl anbraten, mit Mehl anschwitzen. Mit Milch, restlichem Sud, Salz, Pfeffer und Muskatnuss würzen, aufkochen lassen. Die Hälfte des Käses zugeben und schmelzen, gehackte Petersilie untermischen.

4 Käsesoße auf dem Gemüse verteilen und im vorgeheizten Ofen bei 180 °C 10 Minuten backen. Restlichen Käse mit Paniermehl, Nüssen und abgezupften Thymianblättchen mischen, auf das Gemüse geben und für 15 Minuten gratinieren.

Pro Portion ca. 4 BE/5 KE

Polenta-Nocken auf Bärlauchgemüse

Zutaten für 4 Portionen

250 g Polenta (Instant-Maisgrieß)
400 ml Milch (1,5 % Fett)
600 ml Gemüsebrühe (Instant)
4 EL geriebener Parmesan
6 EL Olivenöl
4 Frühlingszwiebeln
4 Karotten
200 g kleine braune Champignons
1 rote Paprika
200 g Zuckerschoten
4 EL trockener Weißwein
1 EL Zitronensaft
Salz, Pfeffer (Mühle)
4 EL gehackter Bärlauch
2 EL Pinienkerne

Zubereitung

1 Polenta mit Milch und Brühe zubereiten. Inzwischen die Pinienkerne in einer beschichteten Pfanne ohne Fett rösten.

2 Gemüse waschen und putzen. Karotten und Paprika in Streifen, Zwiebeln in feine Ringe schneiden, größere Pilze halbieren. Zwiebelweiß, Karotten und Paprika in einer beschichteten Pfanne in 4 EL Öl anbraten. Pilze zugeben und kurz mitbraten.

3 Gemüse mit Wein und Zitronensaft ablöschen, Zuckerschoten hinzufügen. Zugedeckt bei mittlerer Hitze etwa 3 Minuten bissfest garen. Mit Salz und Pfeffer abschmecken. Zwiebelgrün und gehackten Bärlauch untermischen. Mit Salz und Pfeffer abschmecken.

4 Polenta mit Käse und 2 EL Öl verrühren. Mit zwei Löffeln Nocken abstechen, auf dem Gemüse anrichten. Mit Pinienkernen garnieren.

Pro Portion ca. 4 BE/5 KE

Graupen-Risotto mit Spargel

Zutaten für 4 Portionen

1 Zwiebel
4 EL Olivenöl
300 g Perlgraupen
8 EL trockener Weißwein
ca. 1,5 l heiße Gemüsebrühe
(Instant)
700 g grüner Spargel
100 g Kirschtomaten
1 kleiner Radicchio
etwas abgeriebene Schale
einer Bio-Zitrone
120 g Gorgonzola
Salz, bunter Pfeffer (Mühle)
4 EL gehackte Haselnüsse
gehackter Kerbel

Zubereitung

1 Spargel putzen und schräg in Stücke schneiden, Spitzen längs halbieren. Zwiebel würfeln, Kirschtomaten halbieren, Radicchio in Streifen schneiden.

2 Zwiebel und Graupen in Öl andünsten. Mit Wein ablöschen, kurz einköcheln lassen. Brühe angießen, bis die Graupen bedeckt sind. Zugedeckt etwa 20 Minuten bei mittlerer Hitze garen, dabei immer wieder umrühren. Nach 15 Minuten Spargel und Tomaten untermischen und mitgaren.

3 Risotto vom Herd ziehen, Käse würfeln. Die Hälfte des Käses und Radicchio einrühren.

4 Nüsse in einer Pfanne ohne Fett rösten. Reisgericht mit Zitronenschale, Salz und Pfeffer abschmecken. Mit restlichem Käse, Nüssen und gehacktem Kerbel servieren.

Pro Portion ca 4 BE/5 KE

Spargel-Kartoffel-Gratin

Zutaten für 4 Portionen

1 kg Kartoffeln
1 Zwiebel
400 g Zucchini
2 EL Diätmargarine
700 g grüner Spargel
400 ml Gemüsebrühe (Instant)
Salz, Pfeffer (Mühle)
Muskat
500 ml Milch (1,5 % Fett)
Zitronenthymian oder Kerbel
160 g geriebener Käse
(30 % Fett i.Tr.)
4 EL Vollkornpaniermehl
4 EL Mandelstifte
1 TL Öl für die Form

Zubereitung

1 Kartoffeln 10 Minuten vorkochen, pellen, in Scheiben schneiden. Mandeln in einer Pfanne ohne Fett rösten und beiseitestellen.

2 Gemüse waschen und putzen. Zwiebel fein hacken, Zucchini in Scheiben schneiden. Zwiebeln in einer Pfanne in Margarine bei mittlerer Hitze andünsten. Zucchini kurz mitbraten. Mit Kartoffeln in eine vorab leicht geölte Gratinform schichten.

3 Ungeschälten Spargel putzen und in der Brühe zugedeckt 5 Minuten garen. Herausnehmen, Sud auffangen. Spargel in die Form legen. Gemüse mit Salz, Pfeffer und Muskat würzen. Spargelsud mit Milch kurz erhitzen, Kräuter einrühren, über das Gemüse gießen.

4 Käse mit Paniermehl und Mandeln mischen, darüberstreuen. Im Ofen bei 180 °C 20 Minuten überbacken. Vor dem Servieren mit Kräutern garnieren.

Pro Portion ca. 4 BE / 5 KE

Linsenbratlinge mit Koriander-Dip

Zutaten für 4 Portionen

1 Zwiebel
1 Knoblauchzehe
5 EL Sesamöl
160 g rote Linsen
Salz, Pfeffer (Mühle)
1 Msp scharfes Paprikapulver
½ TL gemahlener Kreuzkümmel
400 ml Gemüsebrühe (Instant)
8 EL gehackter Koriander
60 g Vollkornhaferflocken
800 g Naturjoghurt (1,5 % Fett)
4 EL Sesam
Chiliflocken
1 EL Zitronensaft

Für den Salat
400 g Chinakohl
2 Äpfel (à 125 g)
2 Karotten
Dressing, Seite 104

Zubereitung

1 Linsen waschen. Zwiebel und Knoblauch hacken und in 1 EL Sesamöl anbraten. Linsen zugeben, kurz mitbraten und mit Salz, Pfeffer, Paprika und Kreuzkümmel würzen. Brühe angießen und bei milder Hitze etwa 10 Minuten garen, bis die Flüssigkeit aufgesogen ist und die Linsen leicht zerfallen.

2 Linsen mit 4 EL Koriander, Haferflocken und 4 EL Joghurt mischen und abkühlen lassen. Aus dem Linsenteig Bratlinge formen und in Sesam wenden. Bratlinge in 4 EL Öl goldbraun braten.

3 Für den Dip restlichen Joghurt und Koriander mit etwas Zitronensaft verrühren, mit Chiliflocken und Salz würzen. Zutaten für den Salat waschen und putzen, Karotten und Äpfel raspeln, Chinakohl sehr fein schneiden. Dressing zubereiten und unter den Salat mischen.

Pro Portion ca. 4 BE/5 KE

Basilikum-Crêpes mit Pilzgemüse

Zutaten für 4 Portionen

260 g Mehl Type 1050
4 Eier
400 ml Buttermilch
Salz, Pfeffer
etwas abgeriebene Schale
einer Bio-Zitrone
einige Basilikumblättchen
6 EL Olivenöl
250 g Austernpilze
4 Frühlingszwiebeln
2 Knoblauchzehen
4 Karotten
100 g Kirschtomaten
2 EL Zitronensaft
120 g Ricotta

Zubereitung

1 Mehl mit Eiern, Buttermilch, Salz, Pfeffer und Zitronenschale verquirlen. Basilikum grob hacken und mit dem Pürierstab untermischen. Teig 10 Minuten quellen lassen.

2 Inzwischen Gemüse waschen und putzen. Karotten in Scheiben, Frühlingszwiebeln in Ringe schneiden, Kirschtomaten halbieren, Pilze in Streifen schneiden. Knoblauch fein hacken.

3 Zwiebelweiß und Karotten in 2 EL Öl anbraten. Pilze zufügen, speckig braten. Gehackten Knoblauch und Tomaten kurz mitbraten. Mit etwas Zitronensaft, Salz und Pfeffer abschmecken. Das Zwiebelgrün unter das Gemüse mischen.

4 Aus dem Teig in einer beschichteten Pfanne in insgesamt 4 EL Öl 8 Crêpes herausbacken und mit Ricotta bestreichen. Pilzgemüse darauf verteilen, zur Hälfte einschlagen und mit Basilikum garnieren.

Pro Portion ca. 4 BE/5 KE

Kürbis-Mangold-Eintopf

Zutaten für 4 Portionen

2 Zwiebeln
2 EL Öl
2 Knoblauchzehen
40 g rote Linsen
500 g Hokkaido-Kürbis
350 g Kartoffeln
300 g Mangold oder Blattspinat
1,2 l Gemüsebrühe (Instant)
Salz, Pfeffer (Mühle)
gehackte Petersilie
200 g fettreduzierter Feta
(Schafskäse, 9 % Fett i. Tr.)
Chiliflocken
60 g Kürbiskerne
1 EL Kürbiskernöl
300 g Vollkorn-Baguette

Zubereitung

1 Linsen abbrausen. Gemüse waschen und putzen. Kartoffeln schälen und würfeln, Kürbis ebenfalls würfeln. Mangoldstiele in Stücke, Blätter in Streifen schneiden. Zwiebeln hacken. Kürbiskerne in einer beschichteten Pfanne ohne Fett anrösten und beiseitestellen.

2 Zwiebeln in 2 EL Öl anbraten. Gehackten Knoblauch, Kürbis, Kartoffeln, Mangoldstiele und Linsen zufügen und kurz mitbraten. Mit Brühe ablöschen, aufkochen und zugedeckt bei milder Hitze etwa 10 Minuten garen. Mangoldblätter oder Spinat zugeben und kurz weitergaren.

3 Eintopf mit Chiliflocken und Petersilie abschmecken. Auf Teller verteilen und mit zerbröckeltem Feta, Kürbiskernen und etwas Kürbisöl verfeinern. Dazu Baguette reichen.

Pro Portion ca. 4 BE / 5 KE

Chili sin Carne

Zutaten für 4 Portionen

4 EL Olivenöl
2 Zwiebeln
2 Knoblauchzehen
2 rote Paprika
200 g Staudensellerie
Salz
½ TL Cayennepfeffer
½ TL Kreuzkümmel
½ TL edelsüßes Paprikapulver
2 Dosen gehackte Tomaten
(à 400 g)
500 ml Gemüsebrühe (Instant)
1 Dose Kidneybohnen
(Abtropfgewicht 500 g)
1 Dose Mais (Abtropf-
gewicht 285 g)
Chiliflocken
gehackter Koriander
400 g Naturjoghurt (1,5 % Fett)
8 EL Sauerrahm
abgeriebene Schale einer
Bio-Zitrone
250 g Vollkornbrot

Zubereitung

1 Gemüse waschen und putzen. Zwiebeln und Knoblauch fein hacken. Sellerie und Paprika würfeln. Zwiebeln in 4 EL Öl anbraten. Sellerie, Paprika und Knoblauch zugeben und kurz mitbraten. Kreuzkümmel, Paprikapulver und Cayennepfeffer unterrühren und kurz rösten.

2 Gehackte Tomaten mit Saft und Brühe zum Gemüse geben, zugedeckt bei milder Hitze etwa 8 Minuten einkochen. Das Gemüse sollte noch bissfest sein. Abgetropfte Bohnen und Mais zufügen. Kurz weitergaren und abschmecken. Mit Chiliflocken und Koriander garnieren.

3 Joghurt mit Rahm und Zitronenschale verrühren, mit Chili sin Carne und Brot servieren.

Pro Portion ca. 4,5 BE/5,5 KE

Birnen-Kürbis-Risotto mit Käse-Sternen

Zutaten für 4 Portionen

120 g frisch geriebener Parmesan
1 Knoblauchzehe
gehackte Petersilie
etwas abgeriebene Bio-
Zitronenschale
Chiliflocken
250 g Risottoreis
2 EL Olivenöl
1 Zwiebel
300 g Hokkaido-Kürbis
2 kleine Birnen (à 100 g)
Salz, Pfeffer (Mühle)
100 ml trockener Weißwein
700 ml bis 1 Liter heiße Gemüsebrühe (Instant)
2 EL Joghurtbutter
½ Radicchio
2 EL Kürbiskerne
8 bis 9 Ausstechförmchen aus
Metall

Für den Salat
300 g Blattsalat
(z. B. Endivie, Eichblatt)
200 g Kirschtomaten
Dressing, Seite 104

Zubereitung

1 Stern-Förmchen auf mit Backpapier belegtes Blech legen, randhoch mit geriebenem Parmesan füllen. Im vorgeheizten Ofen bei 180 °C 5 Minuten backen. Herausnehmen, kurz abkühlen lassen und Käse-Sterne aus den Förmchen lösen.

2 Für die Gremolata gehackten Knoblauch, Petersilie, Zitronenschale, Salz und Chili mischen. Kürbis und Birnen waschen und putzen. Zwiebeln hacken. Kürbis in Würfel, Birnen in dünne Spalten, Radicchio in Streifen schneiden.

3 Kürbiskerne in einer Pfanne ohne Fett anrösten und beiseitestellen. Zwiebeln in 2 EL Öl anbraten. Kürbis und Reis zugeben und glasig dünsten. Mit Weißwein ablöschen.

4 Heiße Brühe angießen, bis der Reis bedeckt ist. Risotto leicht köcheln lassen. Nach und nach Brühe angießen, dabei immer wieder umrühren. Nach 20 Minuten Birnen zufügen und das Risotto etwa 5 Minuten garen. Butter und Radicchio untermischen und abschmecken.

5 Mit Kürbiskernen, Gremolata und Käse-Sternen anrichten. Zutaten für den Salat waschen und putzen. Dressing zubereiten und unter den Salat mischen.

Pro Portion ca. 4,5 BE/5,5 KE

Lauch-Plätzchen auf Wintersalat

Zutaten für 4 Portionen

200 g Vollkornreis
Salz, Pfeffer (Mühle)
200 g Lauch
2 EL Öl
4 große Eier
80 g Vollkornpaniermehl
Muskat

Für den Salat
200 g Blattsalat
(z. B. Frisée, Eichblatt)
150 g Rotkohl
4 Karotten
½ Salatgurke
4 Frühlingszwiebeln
Dressing, Seite 104

Für den Dip
150 g Magerquark
4 EL Sauerrahm
1 EL Zitronensaft
Salz, bunter Pfeffer (Mühle)
1 EL geriebener Meerrettich
2 EL rote Rettichsprossen oder
Kresse

Zubereitung

1 Reis nach Packungsanweisung garen und abkühlen lassen.

2 Inzwischen für den Dip Quark mit Rahm, Zitronensaft, Salz, Pfeffer und Meerrettich verrühren und Sprossen oder Kresse unterheben.

3 Zutaten für den Salat waschen und putzen. Rotkohl fein hobeln, eventuell blanchieren. Karotten fein raspeln, Gurke würfeln und Frühlingszwiebeln in feine Ringe schneiden. Salat mit Dressing mischen und auf vier Tellern anrichten.

4 Lauch putzen, waschen und fein hacken und in einer beschichteten Pfanne in 1 EL Öl kurz dünsten, herausnehmen. Mit Reis, Eiern und Paniermehl mischen und mit Salz, Pfeffer und Muskatnuss würzen. Den Teig kurz ziehen lassen.

5 Plätzchen aus dem Reisteig formen, in Bratfett und 1 EL Öl goldbraun braten. Mit Salat und Dip servieren.

Pro Portion ca. 4 BE/5 KE

Gemüse-Pasta
mit Frischkäse-Schaum

Zutaten für 4 Portionen

300 g Vollkornspaghetti
Salz, Pfeffer (Mühle)
700 g grüner Spargel
4 EL Öl
4 Frühlingszwiebeln
4 Karotten
Salz, Pfeffer (Mühle)
80 g junger Blattspinat
4 EL Bärlauch
1 Knoblauchzehe
250 ml Milch (1,5 % Fett)
4 Thymianzweige
200 g Ziegenfrischkäse
2 EL Zitronensaft
etwas abgeriebene Schale
einer Bio-Zitrone

Zubereitung

1 Nudeln nach Packungsanweisung kochen. Inzwischen Gemüse waschen und putzen. Spargel 5 Minuten im Nudelwasser mitgaren. Karotten in feine Scheiben, Frühlingszwiebeln in Ringe, Bärlauch in Streifen schneiden. Knoblauch hacken.

2 Zwiebelweiß und Karotten in einer beschichteten Pfanne in 4 EL Öl anbraten. Abgetropften Spargel in Stücke schneiden, 5 Minuten mitbraten und mit Salz und Pfeffer würzen. Nudeln und Zwiebelgrün unter das Gemüse mischen.

3 Für den Frischkäse-Schaum Spinat, Bärlauch, Knoblauch und abgezupfte Thymianblättchen in einem Topf mit Milch aufkochen. Frischkäse, Zitronensaft und -schale zufügen, mit dem Pürierstab schaumig mixen. Nudeln mit Frischkäse-Schaum servieren.

Pro Portion ca. 4 BE/5 KE

Tomaten

Zutaten

Innereien von 3 Tomaten
1 EL Sherryessig
1 TL Senf
1 TL Honig
1 EL Orangensaft
Salz, Pfeffer (Mühle)
2 EL Sonnenblumenöl
flüssiger Süßstoff nach Bedarf

Alle Zutaten mit dem Pürierstab
pürieren. Entkernte Tomaten für
den Salat verwenden.

Luxus für Grünzeug
Salatdressings

Honig-Senf

Zutaten

4 EL Weißweinessig
1 TL mittelscharfer Senf
Salz, bunter Pfeffer (Mühle)
1 TL Honig
flüssiger Süßstoff nach Bedarf
2 EL kalt gepresstes Rapsöl

Asia

Zutaten

50 ml fettreduzierte Kokosmilch
1 Msp gelbe Thai-Currypaste
1 Spritzer Fischsoße
½ TL brauner Zucker
2 EL Limettensaft
Koriandergrün

Zitronen-Joghurt

Zutaten

100 g Naturjoghurt (1,5 % Fett)
2 EL Sauerrahm
1 TL Olivenöl
Saft und etwas abgeriebene
Schale von 1 Bio-Zitrone
1 TL Zitronensaft
1 Prise Zucker
Salz, Pfeffer (Mühle)
frische Kräuter (z. B. Dill)

Asiatisch

Süßkartoffeln mit Kokos-Limetten-Reis

Zutaten für 4 Portionen

180 g Vollkornreis
Salz
2 EL Kokosraspel
Saft und etwas abgeriebene
Schale von 1 Bio-Limette
4 Frühlingszwiebeln
1 rote Paprikaschote
200 g Austernpilze
300 g Süßkartoffeln
4 EL Sesamöl
1 EL fein geriebener Ingwer
1 Knoblauchzehe
1 rote Chilischote
4 TL rote Thai-Currypaste
400 ml fettreduzierte Kokosmilch
4 EL Sojasoße
4 EL süß-scharfe Chilisoße
gehackter Koriander

Zubereitung

1 Reis nach Packungsanweisung garen. Inzwischen Kokosraspel in einer Pfanne ohne Fett rösten und mit Limettenschale unter den gegarten Reis heben. Warm stellen.

2 Das Weiße der Zwiebeln fein hacken, Zwiebelgrün in Streifen schneiden. Pilze und Paprika putzen und in breite Streifen schneiden. Knoblauch und Chilischote hacken.

3 Süßkartoffeln schälen, in mundgerechte Stücke schneiden und in einer beschichteten Pfanne oder im Wok in 4 EL Öl bei mittlerer Hitze etwa 5 Minuten braten. Zwiebeln, Knoblauch, Ingwer und Chili kurz mitbraten.

4 Currypaste einrühren, mit Kokosmilch ablöschen. Paprika und Pilze zugeben. Unter Rühren kurz aufkochen und zugedeckt etwa 3 Minuten bei milder Hitze köcheln lassen.

5 Curry mit Sojasoße, Chilisoße, Limettensaft und Salz abschmecken. Mit Koriander und Zwiebelgrün garnieren.

Pro Portion ca. 4,5 BE/5,5 KE

Kabeljau auf Asia-Gemüse

Zutaten für 4 Portionen

220 g Vollkornreis
Salz
500 g (Atlantik-)Kabeljaufilet
4 EL süß-scharfe Chilisoße
1 EL Fünf-Gewürze-Pulver
4 EL Sojasoße
2 EL Limettensaft
4 EL Pflanzenöl
2 EL Sesamöl
1 TL fein gehackter Ingwer
600 g geputzter weißer Spargel
4 Karotten
4 Frühlingszwiebeln
2 Tassen Gemüsebrühe (Instant)
Chiliflocken
gehackter Koriander
2 EL Sesam (fettfrei geröstet)

Zubereitung

1 Reis garen. Inzwischen je 2 EL Chili- und Sojasoße mit Gewürze-Pulver und Limettensaft verrühren. Fischfilet grob würfeln, mit der Marinade mischen.

2 Karotten schälen und längs halbieren. Spargel und Karotten schräg in 1 cm breite Scheiben schneiden. Das Zwiebelweiß in Ringe, das -grün in Streifen schneiden. Sesam in einer Pfanne ohne Fett rösten und beiseitestellen.

3 Fisch in einer beschichteten Pfanne in 3 EL Pflanzenöl rundherum etwa 5 Minuten braten. Leicht salzen, herausnehmen und warm halten.

4 Ingwer, Spargel, Karotten und Zwiebelringe im Bratfett und 1 EL Pflanzenöl bei mittlerer Hitze etwa 4 Minuten braten. Mit der Brühe ablöschen. Restliche Soja- und Chilisoße zugeben, zugedeckt etwa 4 Minuten garen, mit Sesamöl abschmecken.

5 Kabeljau auf dem Gemüse anrichten. Mit Chiliflocken, Sesam, Zwiebel- und Koriandergrün garnieren und mit dem Reis servieren.

Pro Portion ca. 4 BE/5 KE

Chinesische Gemüsepfanne

Zutaten für 4 Portionen

250 g Vollkornreis
Salz
4 EL Öl
1 EL geriebener Ingwer
1 rote Zwiebel
1 rote Chilischote
4 Karotten
200 g zarter Spitzkohl
200 g Erbsen (frisch oder TK)
50 ml Gemüsebrühe (Instant)
8 EL Sojasoße
2 EL Limettensaft
2 EL süß-scharfe Chilisoße
80 g Cashewkerne
gehackter Koriander

Zubereitung

1 Reis nach Packungsanweisung garen. Cashewkerne in einer beschichteten Pfanne ohne Fett anrösten und beiseitestellen.

2 Gemüse waschen und putzen. Kohl und Zwiebel in feine Streifen, Karotten in feine Scheiben schneiden. Kohl und Erbsen in der Brühe 3 bis 5 Minuten zugedeckt garen. Brühe abgießen und den Sud auffangen. Chilischote fein hacken.

3 Zwiebeln, Ingwer, Chili und Karottenscheiben in einer beschichteten Pfanne in Öl unter Rühren 3 Minuten anbraten. Kohl und Erbsen samt Sud und Sojasoße zufügen. Zugedeckt etwa 3 Minuten garen.

4 Gemüse mit Limettensaft, Chilisoße und Salz abschmecken. Gegarten Reis und Kerne untermischen und mit Koriander bestreuen.

Pro Portion ca. 4,5 BE/5,5 KE

Indisches Curry-Gemüse mit Weizen

Zutaten für 4 Portionen

280 g Zartweizen
Salz
4 EL Öl
1 EL geriebener Ingwer
1 rote Zwiebel
2 Knoblauchzehen
2 Tassen Gemüsebrühe (Instant)
Saft und etwas abgeriebene
Schale von 1 Bio-Zitrone
1 EL mildes Currypulver
½ TL Kreuzkümmel
1 Msp gemahlener Kardamom
4 Karotten
1 gelbe Paprika
1 rote Paprika
200 g Zuckerschoten
400 g Naturjoghurt (3,5 % Fett)
Chiliflocken
gehackter Koriander
60 g Cashewkerne

Zubereitung

1 Weizen nach Packungsanweisung mit
1 Prise Salz und gemahlenem Kardamom garen.
Cashewkerne in einer Pfanne ohne Fett rösten.

2 Gemüse waschen und putzen. Zwiebel in
Streifen schneiden, Paprika und Karotten
würfeln, Knoblauch hacken. Zwiebeln und
geriebenen Ingwer in einer beschichteten Pfanne in 4 EL Öl andünsten. Knoblauch kurz mitdünsten. Mit Kreuzkümmel und Currypulver
würzen und mit der Brühe ablöschen.

3 Curry aufkochen lassen. Zuckerschoten
putzen und mit Zitronensaft und -schale
zugeben. Gemüse in der Brühe bissfest garen.
Joghurt unterrühren, nicht mehr kochen.

4 Mit Chiliflocken, Koriander und gerösteten
Cashewkernen garnieren, mit Weizen servieren.

Pro Portion ca. 4 BE/5 KE

Filetspieße auf Papaya-Salat

Zutaten für 4 Portionen

1 Salatgurke
600 g Papayafruchtfleisch
200 g Römersalat
1 TL. fein geriebener Ingwer
1 Knoblauchzehe
1 rote Chilischote
Saft von 1 Limette
2 EL Obstessig
2 EL Sojasoße
2 EL Honig
etwas Vanillemark
4 EL Sesamöl
500 g Rinderfilet
Salz, Pfeffer (Mühle)
2 EL Sesam
gehackter Koriander
360 g Vollkorn-Baguette
Holzspieße

Zubereitung

1 Gurke längs halbieren und in Scheiben schneiden. Papaya putzen, das Fruchtfleisch quer in Scheiben schneiden. Mit gewaschenem und geputztem Römersalat auf einem Teller anrichten.

2 Knoblauch und Chili fein hacken und mit geriebenem Ingwer, Limettensaft, Essig, Sojasoße, Honig, Vanille und 2 EL Öl verrühren. Das Dressing auf dem Salat verteilen.

3 Filet in lange dünne Streifen schneiden. Fleisch fächerartig auf Holzspieße schieben und pfeffern. In einer beschichteten Pfanne in 2 EL Öl von jeder Seite etwa 1 Minute braten, leicht salzen. Sesam kurz mitrösten.

4 Spieße auf den Salat geben, mit Sesam bestreuen. Mit Koriander garnieren und mit Baguette servieren.

Pro Portion ca. 4 BE/5 KE

Reispfanne mit Tofu und süß-scharfem Gurkensalat

Zutaten für 4 Portionen

250 g Vollkornreis
Salz
4 EL Cashewkerne
250 g Tofu (natur)
4 EL Öl
4 Karotten
1 gelbe Paprika
200 g Brokkoli oder Romanesco
1 rote Zwiebel
1 EL geriebener Ingwer
2 Knoblauchzehen
1 rote Chilischote
4 EL Sojasoße
gehackter Koriander

Für den Salat
1 Salatgurke
4 Frühlingszwiebeln
2 EL süß-scharfe Chilisoße
1 EL Limettensaft
1 EL Sesamöl

Zubereitung

1 Reis nach Packungsanweisung zubereiten. Cashewkerne in einer Pfanne ohne Öl rösten und beiseitestellen. Tofu würfeln und in einer beschichteten Pfanne in 2 EL Öl anbraten. Leicht salzen und herausnehmen. Gemüse waschen und putzen. Brokkoli in feine Röschen, Paprika und Karotten in Streifen schneiden. Chili und Knoblauch hacken.

2 Zwiebel putzen und in feine Streifen schneiden. Mit geriebenem Ingwer und Brokkoli im Bratfett und 2 EL Öl anbraten. Nacheinander Knoblauch, Chili, Karotten und Paprika zufügen und das Gemüse zugedeckt bei milder Hitze bissfest garen. Mit Sojasoße und etwas Salz abschmecken.

3 Reis unterheben. Tofu darauf anrichten. Mit Cashewkernen und Koriander bestreuen.

4 Für den Salat Gurke halbieren. Hälften mit dem Sparschäler längs in feine Streifen schneiden. Frühlingszwiebeln in etwa 3 cm breite Stücke, dann längs in Streifen schneiden. Zutaten für das Dressing mischen und unter die Gurken mengen. Zum Reisgericht servieren.

Pro Portion ca. 4 BE/5 KE

Putengeschnetzeltes „Bombay"

Zutaten für 4 Portionen

500 g Putenfilet
1 EL geriebener Ingwer
1 Knoblauchzehe
Saft und abgeriebene Schale
von ½ Bio-Zitrone
1 EL Kurkuma
½ TL Kreuzkümmel
½ TL Kardamom
Salz, Pfeffer (Mühle)
4 EL Öl
750 g Süßkartoffeln
4 Karotten
1 gelbe Paprika
1 rote Zwiebel
200 g zarter Spitzkohl
400 ml Geflügelbrühe (Instant)
400 g Naturjoghurt (1,5 % Fett)
gehackter Koriander

Zubereitung

1 Putenfilet in Streifen schneiden. Knoblauch hacken. 2 EL Öl mit Zitronensaft, Knoblauch und geriebenem Ingwer vermischen. Filet kurz in der Marinade ziehen lassen.

2 Gemüse waschen und putzen. Spitzkohl in kurze Streifen schneiden. Süßkartoffeln, Karotten und Paprika würfeln, Zwiebel in Streifen schneiden.

3 Das Putenfilet in einer beschichteten Pfanne rundherum anbraten, herausnehmen. Zwiebeln mit Gewürzen im Bratfett und 2 EL Öl andünsten. Süßkartoffeln zugeben und bei mittlerer Hitze kurz anbraten. Nach etwa fünf Minuten Karotten- und Paprikawürfel zugeben. Gemüse mit Brühe ablöschen. Kohl zufügen und alles bissfest garen. Filet samt Bratflüssigkeit untermischen und erhitzen.

4 Joghurt und etwas Zitronenschale unterrühren und abschmecken. Mit gehacktem Koriander garnieren.

Pro Portion ca. 4 BE/5 KE

Entenbrust auf Wok-Gemüse

Zutaten für 4 Portionen

220 g Vollkornreis
Salz
500 g Entenbrustfilet
8 EL Sojasoße
2 EL Honig
1 EL geriebener Ingwer
½ TL Fünf-Gewürze-Pulver
(Asienregal)
4 EL Öl
4 Frühlingszwiebeln
2 rote Paprika
200 g zarter Wirsing
(ohne Blattrippen)
250 g Papayafruchtfleisch
1 EL süß-scharfe Chilisoße
1 EL Limettensaft
1 Prise Chiliflocken
gehackter Koriander

Zubereitung

1 Reis nach Packungsanweisung garen.

2 Inzwischen Fettschicht von der Entenbrust entfernen, Fleisch in dünne Streifen schneiden. Sojasoße mit Honig, Ingwer und Fünf-Gewürze-Pulver verrühren. Entenbrust für einige Minuten in der Marinade einlegen.

3 Gemüse waschen und putzen, Zwiebelweiß in Ringe schneiden. Paprika, Papaya, Wirsing und Zwiebelgrün in Streifen schneiden.

4 Filet in einer beschichteten Pfanne oder im Wok in 2 EL Öl rundum scharf anbraten, herausnehmen, warm stellen.

5 Zwiebelringe und Paprika im Bratfett mit 2 EL Öl anbraten. Wirsing zufügen, kurz anbraten. 200 ml Wasser und Chilisoße zugeben und kurz weitergaren. Mit Limettensaft, Salz und Chiliflocken abschmecken. Kurz vor dem Servieren Papaya unterheben und erhitzen. Filet auf dem Gemüse anrichten. Mit Zwiebelgrün und Koriander garnieren.

Pro Portion ca. 4 BE/5 KE

Winter-Curry

Zutaten für 4 Portionen

250 g Vollkornreis
Salz
400 g Rote Bete (gekocht,
vakuumverpackt)
400 g Karotten
4 Frühlingszwiebeln
1 EL geriebener Ingwer
4 EL Öl
1 TL Zucker
1 EL Currypulver
300 ml fettreduzierte Kokosmilch
100 ml Gemüsebrühe (Instant)
240 g Kichererbsen
(Dose, abgetropft)
1 EL Zitronensaft
4 EL Radieschensprossen

Zubereitung

1 Reis nach Packungsanweisung garen.

2 Inzwischen Gemüse waschen und putzen, Karotten in feine Scheiben, Frühlingszwiebeln in Ringe schneiden. Rote Bete trocken tupfen und in Würfel schneiden.

3 Das Weiße der Zwiebeln in einem Topf in Öl andünsten. Geriebenen Ingwer zugeben, mit Zucker und Curry würzen, leicht salzen. Mit Kokosmilch und Brühe ablöschen. Karotten zugeben und zugedeckt bei milder Hitze kurz garen.

4 Kichererbsen abbrausen und mit Roter Bete zur Soße geben. Gemüse kurz aufkochen, mit Salz und Zitronensaft abschmecken. Mit Zwiebelgrün und Sprossen garnieren und mit dem Reis servieren.

Pro Portion ca. 4,5 BE/5,5 KE

Zanderfilet auf Mango-Karotten-Salat

Zutaten für 4 Portionen

4 bis 5 EL Limettensaft
1 EL mildes Currypulver
½ TL Salz
2 EL Honig
4 EL Öl
4 Frühlingszwiebeln
1 rote Chilischote
4 mittelgroße Karotten
400 g Mangofruchtfleisch
2 EL Kokosraspel
gehackter Koriander
600 g Zanderfilet
bunter Pfeffer aus der Mühle
360 g Vollkorn-Baguette

Zubereitung

1 Gemüse waschen und putzen. Mango quer in feine Scheiben, Frühlingszwiebeln und Chilischote in feine Ringe schneiden. Karotten in dünne Scheiben schneiden und in wenig Wasser zugedeckt 2 Minuten garen, abgießen und den Sud auffangen.

2 Limettensaft mit Karottensud, Curry, Salz, Honig und 2 EL Öl verrühren. Das Weiße der Zwiebeln dazugeben. Karotten kurz in der Soße ziehen lassen. Mango und Chiliringe unterheben.

3 Kokosraspel in einer beschichteten Pfanne ohne Fett kurz anrösten. Den Salat mit Kokosraspel, Zwiebelgrün und Koriander garnieren.

4 Fisch leicht salzen und pfeffern, in 2 EL Öl in einer beschichteten Pfanne von beiden Seiten braten. Auf dem Salat anrichten. Mit Vollkorn-Baguette servieren.

Pro Portion ca. 4 BE/5 KE

Asia-Nudeln mit Putenfilet

Zutaten für 4 Portionen

280 g Vollkornlinguine
Salz
1 EL geriebener Ingwer
2 Knoblauchzehen
1 rote Chilischote
4 Frühlingszwiebeln
8 EL Sojasoße
2 EL Honig
2 EL Limettensaft
400 g Putenfilet
4 Karotten
4 EL Öl
600 g Mangold
200 ml Gemüsebrühe (Instant)
etwas abgeriebene Schale einer
Bio-Limette
Koriandergrün

Zubereitung

1 Nudeln nach Packungsanweisung bissfest kochen. Inzwischen Gemüse waschen und putzen. Zwiebeln in feine Ringe schneiden, Knoblauch und Chilischote hacken. Putenfilet in feine Streifen schneiden.

2 4 EL Sojasoße, die Hälfte des Ingwers, des Knoblauchs und der Chilischote mit Honig und Limettensaft vermischen. Das Fleisch kurz darin marinieren.

3 In der Zwischenzeit Mangoldblätter putzen und in Streifen, -stiele in Stücke schneiden. Fleisch in 2 EL Öl in einer beschichteten Pfanne braten, herausnehmen und warm stellen.

4 Karotten, Zwiebeln und Mangoldstiele im Bratfond und 2 EL Öl 3 Minuten braten. Restlichen Ingwer, Knoblauch und Chili mitbraten. Mangoldblätter zufügen, weitere 2 Minuten braten. Brühe, 4 EL Sojasoße, Limettenschale und Fleisch samt Bratflüssigkeit zugeben und kurz erhitzen. Unter die Nudeln mengen und mit Koriander garnieren.

Pro Portion ca. 4 BE/5 KE

Fernöstliche Steak-Pfanne

Zutaten für 4 Portionen

250 g Vollkornreis
Salz
400 g Rinder-Minutensteaks
4 EL Sojasoße
1 Msp geriebener Ingwer
½ TL Curry
½ TL edelsüßes Paprikapulver
1 rote Chilischote
4 EL Öl
1 rote Zwiebel
1 Stange Lauch
200 g Zuckerschoten
100 ml Gemüsebrühe (Instant)
2 Pfirsiche
2 EL süß-scharfe Chilisoße
2 EL Sesam
gehackter Koriander

Zubereitung

1 Reis nach Packungsanweisung garen. Inzwischen Gemüse und Obst waschen und putzen. Zwiebel und Lauch in Streifen, Pfirisiche in dünne Spalten schneiden. Zuckerschoten schräg halbieren. Chili fein hacken. Sesam in einer beschichteten Pfanne ohne Fett kurz rösten, herausnehmen und beiseitestellen.

2 Die Steaks in etwa fingerbreite Streifen schneiden. Sojasoße mit Ingwer verrühren und das Fleisch darin kurz marinieren. Fleisch in einer beschichteten Pfanne in 2 EL Öl rundherum braten und herausnehmen.

3 Zwiebeln, Lauch und Chili im Bratfett und 2 EL Öl andünsten. Brühe angießen, Curry- und Paprikapulver untermischen, Zuckerschoten zufügen. Das Gemüse 3 Minuten garen. Anschließend Pfirsichspalten und Fleisch zufügen und kurz miterhitzen.

4 Steakpfanne mit Chilisoße und Salz abschmecken. Mit Sesam und gehacktem Koriander bestreuen und mit dem Reis servieren.

Pro Portion ca. 4,5 BE/5,5 KE

Seehecht auf Wok-Gemüse

Zutaten für 4 Portionen

250 g Vollkornreis
Salz
4 EL Öl
600 g Seehechtfilet (frisch/TK)
8 EL Sojasoße
4 EL Limettensaft
1 TL. geriebener Ingwer
1 EL Honig
½ TL Currypulver
½ TL edelsüßes Paprikapulver
2 rote Zwiebeln
300 g zarter Wirsing
4 Frühlingszwiebeln
2 Knoblauchzehen
400 g Kürbis (z.B. Hokkaido)
1 rote Chilischote
100 ml Gemüsebrühe (Instant)
2 EL süß-scharfe Chilisoße
gehackter Koriander

Zubereitung

1 Reis nach Packungsanweisung garen. Inzwischen Gemüse waschen und putzen. Kürbis in Spalten, Wirsing in breite, Zwiebeln in feine Streifen schneiden. Knoblauch und Chilischote hacken. Das Weiß der Frühlingszwiebeln in Ringe, das Grün in Streifen schneiden.

2 Das Fischfilet abbrausen und trocken tupfen. 4 EL Sojasoße mit Limettensaft, geriebenem Ingwer, Honig und Gewürzen verrühren. Fisch kurz darin marinieren. Fisch in einer beschichteten Pfanne in 2 EL Öl braten. Den Fisch herausnehmen und warm stellen.

3 Zwiebelringe mit roten Zwiebelstreifen in der Pfanne im Bratfond und 2 EL Öl andünsten. Kürbis, Chili, Knoblauch und Wirsing kurz mitdünsten. 4 EL Sojasoße und Brühe zugeben, das Gemüse zugedeckt bei milder Hitze bissfest garen. Mit Salz, Chilisoße, Curry und gehacktem Koriander abschmecken.

4 Fisch auf dem Gemüse anrichten. Mit Zwiebelgrün und gehacktem Koriander garnieren und mit Reis servieren.

Pro Portion ca. 4,5 BE/5,5 KE

Süßkartoffel-Blumenkohl-Curry

Zutaten für 4 Portionen

4 EL Öl
1 TL geriebener Ingwer
1 Zwiebel
1 Knoblauchzehe
450 g Blumenkohl
650 g Süßkartoffeln
1 rote Paprika
2 EL Tomatenmark
1 EL mildes Currypulver
600 ml Gemüsebrühe (Instant)
300 ml fettreduzierte Kokosmilch
300 g Kichererbsen
(Dose, abgetropft)
4 EL Sauerrahm
Salz
Chiliflocken
gehackter Koriander
2 EL grob gehackte Erdnüsse

Zubereitung

1 Gehackte Erdnüsse in einer beschichteten Pfanne ohne Fett rösten und beiseitestellen. Gemüse waschen und putzen, Blumenkohl in Röschen schneiden. Süßkartoffeln schälen und in dünne Spalten schneiden, Paprika würfeln. Zwiebel und Knoblauch hacken.

2 Zwiebeln und geriebenen Ingwer in 4 EL Öl andünsten, Süßkartoffelspalten dazugeben und etwa 3 Minuten mit anbraten. Gehackten Knoblauch zugeben und kurz mitdünsten.

3 Tomatenmark und Currypulver unterrühren und mit Brühe und Kokosmilch ablöschen. Kohl und Paprikawürfel zugeben. Gemüse aufkochen und zugedeckt etwa 5 Minuten bissfest garen.

4 Kurz vor Ende der Garzeit Kichererbsen abbrausen, zum Gemüse geben und kurz mitdünsten.

5 Curry mit Rahm, Salz und Chiliflocken abschmecken, nicht mehr kochen lassen. Mit Koriander und gehackten Nüssen garnieren.

Pro Portion ca. 4 BE/5 KE

Mango-Garnelen-Reis

Zutaten für 4 Portionen

220 g Vollkornreis
Salz
1 TL Curry
6 EL Öl
400 g Garnelen (roh oder TK)
4 EL Sojasoße
1 TL geriebener Ingwer
4 EL Limettensaft
4 Frühlingszwiebeln
1 rote Paprika
1 gelbe Paprika
320 g Mangofruchtfleisch
4 EL süß-scharfe Chilisoße
2 EL Sesam
gehackter Koriander

Zubereitung

1 Reis mit Curry und 1 Prise Salz nach Packungsanweisung garen. Inzwischen den Sesam in einer beschichteten Pfanne ohne Fett rösten und beiseitestellen.

2 3 EL Öl mit 2 EL Sojasoße, Ingwer und 2 EL Limettensaft verrühren. Garnelen kurz darin ziehen lassen.

3 Gemüse waschen und putzen. Das Zwiebelweiß in Ringe, das -grün in Streifen schneiden. Paprika in Streifen, Mangofruchtfleisch in dünne Scheiben schneiden.

4 Garnelen in einer beschichteten Pfanne von beiden Seiten braten, herausnehmen. Zwiebelringe im Bratfett andünsten. 3 EL Öl und Marinade zugeben. Paprika, Zwiebelgrün und 2 EL Sojasoße zufügen, unter Rühren knackig braten. Chilisoße und 2 EL Limettensaft einrühren. Mango und Garnelen kurz miterhitzen. Mit Reis, Sesam und Koriander mischen.

Pro Portion ca. 4,5 BE/5,5 KE

Fruchtiges Hähnchen-Curry

Zutaten für 4 Portionen

250 g Vollkornreis
Salz, Pfeffer (Mühle)
4 EL Sesamöl
500 g Hähnchenbrustfilet
½ TL edelsüßes Paprikapulver
2 TL mildes Currypulver
1 EL geriebener Ingwer
1 Stange Lauch
4 Karotten
200 g Hokkaido-Kürbis
200 ml Hühnerbrühe (Instant)
240 g Ananasfruchtfleisch
150 g Sauerrahm
Chiliflocken
gehackter Koriander

Zubereitung

1 Reis nach Packungsanweisung garen. Inzwischen Gemüse waschen und putzen, Lauch in etwa 3 cm lange Stücke schneiden und diese längs vierteln. Karotten zu Stiften, den Kürbis in dünne Scheiben schneiden. Ananas-Fruchtfleisch würfeln.

2 Hähnchenfilet waschen, trocken tupfen und in Streifen schneiden. Fleisch in einer Pfanne in 2 EL Öl anbraten, mit Salz, Pfeffer, Paprika- und 1 TL Currypulver würzen. Die Würzmischung bei mittlerer Hitze leicht mit anrösten. Anschließend das Fleisch herausnehmen und beiseitestellen.

3 Ingwer, Lauch, Karotten und Kürbis im Bratfett und mit 2 EL Öl andünsten. Mit 1 TL Curry bestäuben, weiterdünsten. Mit Brühe ablöschen, Ananaswürfel zufügen. Kurz aufkochen und etwa 5 Minuten bissfest garen.

4 Fleisch samt Bratfond zugeben und kurz aufkochen. Rahm einrühren und mit Chili und Koriander abschmecken. Dazu den Reis servieren.

Pro Portion ca. 4 BE/5 KE

Mie-Nudeln mit Tofu

Zutaten für 4 Portionen

280 g chinesische Mie-Nudeln
300 g Tofu (natur)
1 EL geriebener Ingwer
1 Knoblauchzehe
4 EL Sojasoße
2 EL Limettensaft
4 EL Sesamöl
2 rote Zwiebeln
4 Karotten
1 rote Paprika
300 g zarte Wirsingblätter
80 g Sojasprossen
200 ml Gemüsebrühe (Instant)
Salz
Chiliflocken
2 EL Sesam
gehackter Koriander

Für den grünen Salat
200 g Blattsalat
(z. B. Eichblatt-, Kopfsalat)
½ Salatgurke
Dressing, Seite 104

Zubereitung

1 Nudeln nach Packungsanweisung zubereiten. Gemüse waschen und putzen. Wirsing, Paprika, Zwiebeln und Karotten in Streifen schneiden. Knoblauch schälen und fein hacken.

2 Geriebenen Ingwer, Knoblauch und Limettensaft mit Sojasoße verrühren. Tofu in Würfel schneiden und in der Marinade ziehen lassen.

3 In der Zwischenzeit Salat waschen und putzen, Gurke würfeln. Dressing zubereiten, über den Salat gießen und gut durchmischen.

4 Tofu mit Marinade in einer beschichteten Pfanne in 2 EL Öl anbraten, herausnehmen. Zwiebeln und Karotten im Bratfond und 2 EL Öl in der Pfanne andünsten. Paprika, Wirsing und Sprossen zufügen, 3 Minuten anbraten. Brühe angießen und das Gemüse bissfest garen.

5 Mie-Nudeln und Tofu (samt Bratflüssigkeit) unterheben, kurz miterhitzen. Abschmecken. Mit Chiliflocken, Sesam und Koriander garnieren.

Pro Portion ca. 4 BE/5 KE

Tofu-Spieße mit Kokosreis

Zutaten für 4 Portionen

250 g Vollkornreis
Salz
4 EL Kokosraspel
Saft und etwas abgeriebene
Schale von 1 Bio-Limette
gehackter Koriander
500 g Tofu (natur)
1 gelbe Paprika
1 rote Paprika
2 rote Zwiebeln
3 kleine Zucchini
1 TL geriebener Ingwer
1 Knoblauchzehe
1 rote Chilischote
4 EL Sojasoße
100 ml Hühnerbrühe (Instant)
2 TL rote Currypaste
4 EL Öl
Holzspieße

Zubereitung

1 Reis nach Packungsanweisung garen. Kokosraspel in einer beschichteten Pfanne ohne Fett rösten.

2 Gemüse waschen und putzen. Paprika in etwa 3 cm große Würfel und Zucchini in dicke Scheiben schneiden. Zwiebeln achteln. Gegarten Reis mit Kokosraspeln, etwas Limettenschale und gehacktem Koriander mischen und warm stellen.

3 Tofu in etwa 2 cm große Würfel schneiden, mit Paprika, Zwiebeln und Zucchini abwechselnd auf Spieße schieben. Knoblauch und Chilischote fein hacken und mit geriebenem Ingwer, Sojasoße, 2 EL Limettensaft und 2 EL Öl zu einer Marinade verarbeiten. Spieße mit der Marinade bepinseln und 10 Minuten ziehen lassen.

4 Spieße in einer beschichteten Pfanne in 2 EL Öl rundherum anbraten, herausnehmen. Bratfond mit Brühe, restlicher Marinade und Currypaste mischen. Spieße darin kurz ziehen lassen und mit dem Kokosreis servieren.

Pro Portion ca 4 BE/5 KE

Entenspieße in Currysoße

Zutaten für 4 Portionen

200 g Langkorn-Wildreis-Mix
Salz, Pfeffer (Mühle)
1 EL gehackter Koriander
500 g Entenbrust
(ohne Haut und Fett)
300 g Ananasfruchtfleisch
6 Frühlingszwiebeln
1 rote Paprika
4 EL Sojasoße
1 TL geriebener Ingwer
edelsüßes Paprikapulver
2 EL Limettensaft
2 EL Honig
3 EL Öl
1 TL mildes Currypulver
100 ml Hühnerbrühe (Instant)
4 EL Sauerrahm
Holzspieße

Für den Salat
300 g Blattsalat
½ Gurke
Dressing, Seite 104

Zubereitung

1 Reis nach Packungsanweisung garen und mit gehacktem Koriander mischen. Entenfleisch würfeln. Ananas und Paprika ebenfalls würfeln. Frühlingszwiebeln putzen und in etwa 3 cm große Stücke schneiden.

2 Fleisch mit Ananas, Zwiebelstücken (ohne Grün) und Paprika auf Spieße schieben.

3 Sojasoße mit geriebenem Ingwer, Salz, Paprikapulver, Saft, Honig sowie 2 EL Öl verrühren. Spieße damit bepinseln und zugedeckt 15 Minuten ziehen lassen.

4 Spieße mit Marinade in 1 EL Öl braten, herausnehmen und warm stellen. Bratfond mit Brühe ablöschen, aufkochen. Curry und Rahm einrühren, vom Herd nehmen und abschmecken.

5 Salat waschen und putzen, Gurke würfeln. Beides mit Dressing vermischen. Spieße mit Reis und Salat servieren.

Pro Portion ca. 4 BE/5 KE

Rosenkohl-Curry

Zutaten für 4 Portionen

2 EL Öl
1 TL geriebener Ingwer
1 rote Zwiebel
1 Knoblauchzehe
600 g Rosenkohl
600 g Süßkartoffeln
80 g rote Linsen
2 EL Tomatenmark
1 EL Currypulver
500 ml Gemüsebrühe (Instant)
400 ml fettreduzierte Kokosmilch
100 g Kirschtomaten
200 g Mangofruchtfleisch
Saft und etwas abgeriebene
Schale von 1 Bio-Limette
Salz
Chiliflocken
2 EL Kokosraspel
gehackter Koriander

Zubereitung

1 Linsen abbrausen. Gemüse waschen. Rosenkohl putzen, größere Röschen halbieren. Süßkartoffeln schälen und in Stücke schneiden. Mango würfeln, Kirschtomaten halbieren. Zwiebel in Streifen schneiden, Knoblauch hacken. Kokosraspel in einer Pfanne ohne Fett rösten und beiseitestellen.

2 Ingwer und Zwiebeln in 2 EL Öl anbraten. Tomatenmark, Knoblauch und Curry unterrühren und kurz mitbraten. Mit Brühe und Kokosmilch ablöschen.

3 Linsen, Süßkartoffeln und Rosenkohl zugeben und in etwa 10 Minuten bissfest garen. Tomaten und Mango zufügen und kurz mitgaren. Bei Bedarf noch etwas heiße Brühe angießen.

4 Mit Salz, Chili, Limettensaft und etwas -schale abschmecken. Mit Koriandergrün und Kokosraspeln garnieren.

Pro Portion ca. 4,5 BE/5,5 KE

Fleisch

Rehfilet mit Cranberrysoße

Zutaten für 4 Portionen

650 g Kartoffeln
500 g Rehfilet
Salz, Pfeffer (Mühle)
4 Rosmarinzweige
2 EL Öl
2 rote Zwiebeln
2 EL Diätmargarine
250 g frische Cranberrys
120 g vorgegarte Maronen
(vakuumverpackt)
4 EL leichter Rotwein
100 ml Wildfond/Fleischbrühe
1 EL Ahornsirup
4 EL Orangensaft
½ Prise Zimt
4 EL Sauerrahm

Für den Salat
200 g Feldsalat
2 Orangen (à 150 g)
Dressing, Seite 104

Zubereitung

1 Kartoffeln kochen. Die Hälfte des Rosmarins sehr fein hacken, Filet damit würzen, pfeffern. Zwiebeln in Streifen schneiden, vorgegarte Maronen hacken.

2 Zwiebeln, Cranberrys und gehackte Maronen mit 2 EL Margarine andünsten. Mit Wein, Wildfond oder Brühe ablöschen, zugedeckt etwa 10 Minuten garen. Soße mit Ahornsirup, Orangensaft, etwas Zimt, Salz und Pfeffer abschmecken.

3 Filet im ganzen Stück in einer beschichteten Pfanne mit 2 EL Öl etwa 1 Minute auf jeder Seite anbraten. Im vorgeheizten Backofen auf 100 °C 30 Minuten mit einigen Rosmarinnadeln in Alufolie rosa garen.

4 Feldsalat putzen. Orangen filetieren und unterheben. Kartoffeln pellen. Fertig gegartes Filet salzen und in Scheiben schneiden. Bratfond zur Soße gießen und erneut aufkochen lassen. Mit Sauerrahm abschmecken, nicht mehr kochen. Filetscheiben mit Cranberrysoße, Kartoffeln und Salat anrichten.

Pro Portion ca. 4 BE/5 KE

Geschnetzeltes „Stroganoff"

Zutaten für 4 Portionen

300 g Vollkornbandnudeln
200 g braune Champignons
400 g Schweinefilet
4 Gewürzgurken
120 g Rote Bete (gekocht, vakuumverpackt)
1 Zwiebel
3 EL Öl
200 ml Fleischbrühe (Instant)
Salz, bunter Pfeffer (Mühle)
1 TL mittelscharfer Senf
100 g Sauerrahm
Zitronensaft
gehackte Petersilie

Für den Salat

300 g Blattsalat
(z. B. Eichblatt, Frisée)
4 Frühlingszwiebeln
rote Rettichsprossen oder Kresse
Dressing, siehe Seite 104

Zubereitung

1 Nudeln bissfest kochen. Pilze putzen und in Scheiben schneiden.

2 Filet in Streifen schneiden und in einer beschichteten Pfanne in 2 EL Öl anbraten, salzen und pfeffern, herausnehmen und warm halten. Rote Bete und Gewürzgurken abtropfen lassen und in feine Streifen schneiden.

3 Zwiebel hacken und im Bratfond und 1 EL Öl dünsten. Pilze zugeben und kurz mitbraten, mit der Brühe ablöschen. Aufkochen und vom Herd ziehen. Senf und Rahm einrühren. Fleisch, Gurken und Rote Bete unterheben. Erhitzen, aber nicht mehr kochen.

4 Salat waschen, Frühlingszwiebeln putzen und in feine Ringe schneiden. Zutaten für das Dressing verrühren und mit den Sprossen unter den Salat mischen.

5 Geschnetzeltes mit Zitronensaft, Gewürzen und Petersilie abschmecken und mit den abgetropften Nudeln und dem Salat anrichten.

Pro Portion ca. 4 BE/5 KE

Rotkohl-Rouladen

Zutaten für 4 Portionen

8 große Rotkohlblätter
120 g fein gehackter Rotkohl
400 g Rinderhackfleisch
2 Zwiebeln
2 kleine Birnen (à 100 g)
4 EL Magerquark
4 TL Paniermehl
2 EL Zitronensaft
4 Zweige Zitronenthymian
Salz, Pfeffer (Mühle)
edelsüßes Paprikapulver
2 EL Öl
400 ml Fleischbrühe (Instant)
4 EL Rotweinessig
4 Lorbeerblätter
8 Stiele Petersilie
8 Gewürznelken
1 EL Honig
Zahnstocher
1 kg Kartoffeln
gehackte Petersilie

Zubereitung

1 Rotkohlblätter blanchieren, abschrecken, Blattrippen flach schneiden. Restlichen Kohl fein hacken.

2 Zwiebeln und Birnen schälen und fein würfeln. Hackfleisch mit der Hälfte der Zwiebeln, den Birnen, Quark, Paniermehl, Zitronensaft, Thymianblättchen, gehacktem Kohl, Salz, Pfeffer und Paprika verkneten. In 8 Portionen teilen.

3 Jede Portion in die Mitte eines Kohlblattes geben, aufrollen und mit einem Zahnstocher feststecken. In einem Schmortopf mit restlichen Zwiebeln in 2 EL Öl anbraten. Brühe und Essig angießen. Lorbeerblätter, Petersilie und Nelken zufügen, kurz aufkochen. Zugedeckt bei milder Hitze etwa 30 Minuten schmoren lassen.

4 Inzwischen die Kartoffeln kochen, pellen, längs vierteln und mit Petersilie bestreuen. Rouladen herausnehmen, Lorbeerblätter, Petersilie und Nelken entfernen. Die Soße eventuell pürieren und mit Honig, Salz und Pfeffer abschmecken. Rouladen mit der Soße und den Petersilienkartoffeln anrichten.

Pro Portion ca. 4 BE/5 KE

155

Paprika-Frikadellen mit Pfifferling-Gemüse

Zutaten für 4 Portionen

1,3 kg festkochende Kartoffeln
3 EL Öl
2 rote Zwiebeln
1 rote Paprika
250 Pfifferlinge
4 Karotten
2 EL Zitronensaft
Salz, bunter Pfeffer (Mühle)
gehackte Petersilie

Für die Frikadellen

400 g mageres Rinderhack
4 EL Frischkäse (0,2 % Fett)
1 Zwiebel
Salz, Pfeffer (Mühle)
2 EL Ajvar (Paprikapaste, Glas)
½ TL edelsüßes Paprikapulver
gehackter Koriander

Zubereitung

1 Kartoffeln gründlich waschen, garen. Gemüse waschen und putzen. Karotten würfeln. Rote Zwiebeln und Paprika in Spalten schneiden.

2 Kartoffeln etwas abkühlen lassen, ungeschält längs vierteln.

3 Für die Frikadellen die Zwiebel fein hacken und mit Hackfleisch, Frischkäse, Ajvar, Paprikapulver und gehacktem Koriander verkneten, salzen und pfeffern. Frikadellen formen, in einer beschichteten Pfanne in 2 EL Öl braten, herausnehmen und warm stellen.

4 Rote Zwiebeln mit 1 EL Öl im Bratfett andünsten. Geputzte Pfifferlinge, Paprika und Karotten zugeben und etwa 5 Minuten bei mittlerer Hitze braten.

5 Kartoffeln unterheben, kurz mitrösten. Mit Zitronensaft, Gewürzen und Petersilie abschmecken. Mit den Frikadellen servieren.

Pro Portion ca. 4 BE/5 KE

Filetpfanne mit Kräuterdip

Zutaten für 4 Portionen

1,3 kg mittelgroße festkochende
Kartoffeln
5 EL Öl
500 g Schweinefilet
edelsüßes Paprikapulver
Salz, Pfeffer (Mühle)
8 Frühlingszwiebeln
1 gelbe Paprika
1 rote Paprika
200 g braune Champignons
gehackte Petersilie

Für den Dip
150 g Magerquark
etwas Zitronensaft
1 Knoblauchzehe
Salz, bunter Pfeffer (Mühle)
4 EL gehackte Kräuter
(z. B. Schnittlauch, Thymian,
Rosmarin)

Zubereitung

1 Kartoffeln kochen, abkühlen lassen, pellen und grob würfeln.

2 Filet in Scheiben schneiden, mit Salz, Pfeffer und Paprikapulver würzen. In einer beschichteten Pfanne in 2 EL Öl von beiden Seiten braten. Herausnehmen und warm halten.

3 Gemüse waschen und putzen. Frühlingszwiebeln in feine Ringe schneiden, Paprika würfeln, die Pilze vierteln. Das Weiße der Zwiebeln mit Pilzen und Paprika im Bratfett und 3 EL Öl bei milder Hitze etwa 5 Minuten braten.

4 Kartoffeln zugeben und anrösten. Fleisch kurz miterhitzen. Anschließend abschmecken und mit Petersilie und Zwiebelgrün garnieren.

5 Für den Dip den Quark mit Zitronensaft, gehacktem Knoblauch und Gewürzen verrühren, Kräuter unterheben und zur Filetpfanne servieren.

Pro Portion ca. 4 BE/5 KE

Zitronenschnitzel mit Fenchel-Melonen-Salat

Zutaten für 4 Portionen

4 Kalbsschnitzel (ca à 150 g)
1 Bio-Zitrone
4 Zitronenscheiben
Salz, bunter Pfeffer (Mühle)
4 EL Sesamöl
½ Kopfsalat
1 Radicchio
1 Fenchelknolle
½ Salatgurke
200 g Fruchtfleisch einer
Cantaloupe-Melone
8 EL weißer Balsamico
2 EL süß-scharfe Chilisoße
2 EL Sesam
Chiliflocken
400 g Vollkorn-Baguette

Zubereitung

1 Zitronenschale abreiben, Saft auspressen. Gemüse und Salat waschen und putzen. Melone und Gurke würfeln, Fenchel in feine Streifen schneiden. Sesam in einer beschichteten Pfanne ohne Fett rösten und beiseitestellen.

2 Balsamicoessig mit 2 EL Zitronensaft, Chilisoße, 1 Prise Salz und 1 EL Öl verrühren. Mit Gurke und Melone mischen, auf dem Salat verteilen. Mit Sesam und Chiliflocken bestreuen.

3 Schnitzel pfeffern, in einer beschichteten Pfanne in 3 EL Öl braten, salzen. Mit restlichem Zitronensaft und etwas -schale ablöschen. Mit Zitronenscheiben garnieren und mit Baguette servieren.

Pro Portion ca. 4 BE/5 KE

Putenschnitzel auf Kressesoße mit Gemüsereis

Zutaten für 4 Portionen

250 g Langkorn-Wildreis-Mischung
Salz, Pfeffer (Mühle)
4 Karotten
1 Zucchini
1 Kohlrabi
6 EL Öl
gehackte Petersilie
4 kleine Putenschnitzel (à 100 g)
edelsüßes Paprikapulver
1 Zwiebel
2 Tassen Hühnerbrühe (Instant)
4 EL Kräuterfrischkäse
(20 % Fett i. Tr.)
2 Kästchen Kresse
4 EL Sauerrahm
1 EL geriebener Meerrettich
Zitronensaft

Zubereitung

1 Reis nach Packungsanweisung garen. Inzwischen Zucchini, Karotten und Kohlrabi putzen und in Würfel schneiden. Gemüse in 2 EL Öl anbraten, mit der Petersilie unter den Reis mischen, abschmecken.

2 Schnitzel leicht salzen, mit Paprika und Pfeffer würzen. In einer beschichteten Pfanne in 2 EL Öl von beiden Seiten braten. Herausnehmen und warm stellen.

3 Zwiebel putzen, würfeln und im Bratfond und 2 EL Öl andünsten. Mit der Brühe ablöschen. Frischkäse und Rahm einrühren, mit der Hälfte der Kresse schaumig pürieren.

4 Soße mit Meerrettich, Zitronensaft und Gewürzen abschmecken. Nochmals erhitzen, aber nicht aufkochen.

5 Schnitzel auf der Soße mit dem Gemüsereis anrichten. Mit der restlichen Kresse garnieren.

Pro Portion ca. 4 BE/5 KE

Chili-Lammsteak
mit Sesam-Kartoffelsalat

Zutaten für 4 Portionen

1,2 kg festkochende Kartoffeln
2 EL Sesam
2 Bund Radieschen
4 Frühlingszwiebeln
4 EL gehackte Petersilie
8 EL Weißweinessig
400 g Naturjoghurt (1,5 % Fett)
4 gestrichene EL Light-
Mayonnaise
Salz, bunter Pfeffer (Mühle)
4 Lammsteaks (à 125 g, z. B.
aus der Hüfte)
1 rote Chilischote
2 EL Öl

Zubereitung

1 Kartoffeln kochen, pellen, halbieren oder
vierteln. Sesam in einer Pfanne ohne Fett
rösten und beiseitestellen. Radieschen putzen
und vierteln. Frühlingszwiebeln in feine Ringe,
Chilischote in Streifen schneiden.

2 Für das Dressing Joghurt mit Essig, Mayonnaise, Salz, Pfeffer und Sesam verrühren.
Mit Kartoffeln, Radieschen, Zwiebeln und
gehackter Petersilie mischen. Abschmecken
und kurz durchziehen lassen.

3 Lammsteaks pfeffern und in einer beschichteten Pfanne mit den Chilistreifen
in Öl rosa braten, leicht salzen.

4 Steaks mit dem Sesam-Kartoffelsalat
servieren und garnieren.

Pro Portion ca. 4 BE/5 KE

Hackbällchen mit Kürbis

Zutaten für 4 Portionen

400 g mageres Rinderhack
150 g Magerquark
4 Frühlingszwiebeln
1 TL mittelscharfer Senf
4 EL gehackter Koriander
1 rote Chilischote
Saft und etwas abgeriebene
Schale von ½ Bio-Zitrone
1 kg kleine Kartoffeln
600 g Hokkaido-Kürbis
2 rote Zwiebeln
3 EL Olivenöl
1 EL Honig
Salz, Pfeffer (Mühle)
4 EL weißer Balsamico
Kresse

Zubereitung

1 Kartoffeln waschen und mit Schale längs halbieren. Auf ein mit Backpapier belegtes Blech geben. Im vorgeheizten Ofen bei 180 °C 10 Minuten garen.

2 Inzwischen Kürbis und Zwiebeln putzen und in Spalten schneiden. Chilischote hacken, Frühlingszwiebeln waschen. Zwiebelweiß fein hacken, -grün in Ringe schneiden. Hackfleisch mit 4 EL Quark, Zwiebelweiß, Senf, etwas abgeriebener Zitronenschale, gehacktem Koriander und Chili verkneten. Bällchen formen.

3 Bällchen mit Kürbis- und Zwiebelspalten auf das Blech zu den Kartoffeln legen. Öl mit Honig, Salz und Essig verrühren. Den Kürbis und die Kartoffeln damit bepinseln. Etwa 20 Minuten backen, ab und zu wenden.

4 Für den Dip restlichen Quark mit 2 EL Zitronensaft, Zwiebelgrün, Kresse, Salz und Pfeffer verrühren.

Pro Portion ca. 4 BE/5 KE

167

Hirschmedaillons mit Maroni-Kartoffeln und Rosenkohl

Zutaten für 4 Portionen

600 g Rosenkohl
650 g festkochende Kartoffeln
225 g vorgegarte Maroni
(vakuumverpackt)
4 EL Öl
1 EL Diätmargarine
Salz, Pfeffer (Mühle)
1 EL Ahornsirup
gehackte Petersilie
geriebene Muskatnuss
500 g Hirschfilet in Scheiben
2 rote Zwiebeln
4 EL roter Balsamico

Zubereitung

1 Rosenkohl in wenig Wasser mit je 1 Prise Salz, Pfeffer und Muskat bissfest garen.

2 Kartoffeln gut waschen und bürsten, kochen und halbieren. Anschließend in einer beschichteten Pfanne in 2 EL Öl goldbraun braten. Halbierte Maroni zugeben und etwa 3 Minuten mitbraten. Mit Salz, Pfeffer, Ahornsirup, Muskat und Petersilie würzen.

3 Filet pfeffern, in einer separaten Pfanne im restlichen Öl kurz scharf anbraten. Fleisch herausnehmen, in Alufolie einwickeln und im vorgeheizten Backofen auf 50 °C 4 Minuten ziehen lassen.

4 Zwiebeln schälen, in Spalten schneiden und im Bratfett mit Margarine andünsten. Mit Balsamico, Salz und Pfeffer abschmecken. Medaillons mit Bratsaft zugeben und mit den Maroni-Kartoffeln und dem Kohl servieren.

Pro Portion ca. 4 BE / 5 KE

Glühwein-Ente

Zutaten für 4 Portionen

900 g mehligkochende Kartoffeln
250 ml Milch (1,5 % Fett)
Muskat
Salz, Pfeffer (Mühle)
Piment
2 EL Öl
800 g zarter Rotkohl
2 Zwiebeln
4 EL Rotweinessig
100 ml Entenfond oder Hühnerbrühe (Instant)
4 Gewürznelken
½ TL Zimt
1 EL Ahornsirup
2 Bio-Orangen (à 150 g)
500 g Entenbrust
4 Zweige Rosmarin
50 ml Glühwein
80 g Preiselbeeren (Glas)

Zubereitung

1 Kartoffeln schälen und kochen. Rotkohl waschen, putzen und in feine Streifen schneiden.

2 Zwiebeln fein hacken und die Hälfte in 1 EL Öl andünsten. Kohl zufügen, mit Essig, Brühe und Nelken aufkochen, zugedeckt etwa 15 Minuten garen. 1 TL Orangenschale abreiben, Orangen filetieren, Saft auffangen. Nelken aus dem Kohl entfernen, mit Salz, Pfeffer, Zimt und Sirup würzen. Orangenfilets unter den Rotkohl mischen.

3 Ente pfeffern, mit der Hautseite nach unten in eine kalte beschichtete Pfanne legen und ohne Fett auf höchster Stufe 3 Minuten braten, auf der Fleischseite 1 Minute braten. Ente bei 180 °C im Backofen mit Rosmarinzweigen in etwa 30 Minuten rosa garen.

4 Inzwischen Kartoffeln zerstampfen und mit heißer Milch, Muskat, Salz und Piment zu Schnee verarbeiten. Restliche Zwiebel im Bratfett mit 1 EL Öl anbraten. Glühwein, Orangenschale, -saft und Preiselbeeren einrühren und abschmecken. Fettschicht von der Ente entfernen, Ente in Scheiben schneiden und mit Soße, Kohl und Kartoffelschnee anrichten.

Pro Portion ca. 4 BE/5 KE

Spinatnudeln mit Putenfilet

Zutaten für 4 Portionen

300 g Vollkornnudeln
(z.B. Rigatoni, Fusilli)
Salz, roter Pfeffer (Mühle)
400 g Blattspinat (frisch oder TK)
2 EL Diätmargarine
1 Zwiebel
2 Knoblauchzehen
1 rote Chilischote
100 ml Gemüsebrühe (Instant)
8 EL Sauerrahm
2 EL Zitronensaft
1 Msp abgeriebene Schale einer
Bio-Zitrone
geriebene Muskatnuss
300 g Putenfilet
edelsüßes Paprikapulver
2 EL Öl
2 EL gehobelter Parmesan

Für den Salat

400 g Tomaten
2 Frühlingszwiebeln
Dressing, Seite 104

Zubereitung

1 Nudeln nach Packungsanweisung bissfest kochen.

2 Inzwischen das Putenfilet in mundgerechte Stücke schneiden und mit Pfeffer und Paprika würzen. Zwiebel würfeln, Chilischote und Knoblauch sehr fein hacken.

3 Für den Salat die Tomaten und Frühlingszwiebeln waschen und putzen, Tomaten in Scheiben schneiden. Zwiebeln in sehr feine Ringe schneiden. Dressing zubereiten und mit den Frühlingszwiebeln über die Tomaten gießen.

4 Den Spinat in kochendem Wasser kurz blanchieren, ausdrücken, grob hacken. Zwiebel in 2 EL Margarine andünsten, Chili, Knoblauch und Spinat kurz mitdünsten. Mit Brühe ablöschen. Zugedeckt kurz ziehen lassen. Mit Rahm, Zitronensaft, -schale, Salz, Pfeffer und Muskat abschmecken.

5 Abgetropfte Nudeln mit Spinat mischen. Filet in einer beschichteten Pfanne in Öl knusprig braten. Auf den Nudeln anrichten und mit Parmesan bestreuen. Dazu den Tomatensalat servieren.

Pro Portion ca. 4 BE/5 KE

Fenchel-Birnen-Schnitzel mit Käsesoße

Zutaten für 4 Portionen

800 g Kartoffeln
400 ml Milch (1,5 % Fett)
80 g Gorgonzola
4 EL Öl
2 kleine Fenchelknollen
4 kleine Birnen (à 100 g)
1 EL Zitronensaft
4 dünne Schweineschnitzel
(à 125 g)
Salz, rosa Pfefferbeeren
12 Salbeiblätter

Zubereitung

1 Kartoffeln garen. Inzwischen Fenchel und Birnen waschen und putzen. Fenchel in dünne Streifen, Birnen in dünne Spalten schneiden. Birnen mit Zitronensaft beträufeln. Die gekochten Kartoffeln pellen und warmstellen.

2 Für die Soße Milch in einem Topf aufkochen, Käse darin bei milder Hitze schmelzen, mit Salz und Pfeffer abschmecken.

3 Fenchel in einer beschichteten Pfanne in 2 EL Öl kurz anbraten, bei mittlerer Hitze 3 Minuten weiterbraten, salzen und pfeffern. Birnen mit Salbei zum Fenchel geben, 3 Minuten braten. Fenchel-Birnen herausnehmen.

4 Schnitzel mit Salz und Pfeffer würzen, in Bratfett und 2 EL Öl braten. Mit Fenchel-Birnen und Käsesoße anrichten. Mit zerstoßenen Pfefferbeeren garnieren und mit Kartoffeln servieren.

Pro Portion ca. 4 BE/5 KE

Fenchel-Nudeln mit Rindersteak

Zutaten für 4 Portionen

300 g Vollkornnudeln
(z. B. Tagliatelle)
Salz, Pfeffer (Mühle)
4 EL Olivenöl
1 Knoblauchzehe
2 rote Zwiebeln
2 Fenchelknollen
1 rote Paprika
200 ml Fleischbrühe (Instant)
2 EL Zitronensaft
etwas abgeriebene Bio-
Zitronenschale
4 kleine Rinder-Hüftsteaks
(à 100 g)
Chiliflocken
etwas Fenchelgrün
gehackte Petersilie

Zubereitung

1 Nudeln nach Packungsanweisung bissfest kochen.

2 Inzwischen Gemüse waschen und putzen. Knoblauch fein hacken. Zwiebeln, Fenchel und Paprika in dünne Streifen schneiden.

3 Zwiebeln in einer beschichteten Pfanne in 2 EL Öl anbraten, Knoblauch, Paprika- und Fenchelstreifen kurz mitbraten. Die Brühe, Zitronensaft und -schale unterrühren. Das Gemüse zugedeckt bissfest garen.

4 Abgetropfte Nudeln unter das Gemüse mischen. Mit Salz, Pfeffer, Chili, Petersilie und etwas Fenchelgrün abschmecken.

5 Steaks pfeffern in 2 EL Öl beidseitig braten. Leicht salzen und quer in dicke Scheiben schneiden. Auf den Nudeln anrichten.

Pro Portion ca. 4 BE/5 KE

Rosa Pfeffersteak mit Fenchel-Kartoffel-Salat

Zutaten für 4 Portionen

1,2 kg festkochende Kartoffeln
2 kleine Fenchelknollen
½ Radicchio
4 Frühlingszwiebeln
etwas Fenchelgrün
8 EL Weißweinessig
4 EL Sauerrahm
2 EL Light-Mayonnaise
400 g Naturjoghurt (1,5 % Fett)
Salz, bunter Pfeffer (Mühle)
4 Rinder-Hüftsteaks (à 125 g)
2 EL rosa Pfefferbeeren
3 EL Öl

Zubereitung

1 Kartoffeln garen. Abkühlen lassen, pellen und in Scheiben schneiden.

2 Gemüse waschen und putzen. Die Frühlingszwiebeln in feine Ringe, Fenchel und Radicchio in schmale Streifen schneiden.

3 Zwiebelweiß mit Essig, Rahm, Mayonnaise, Joghurt, Salz und Pfeffer verrühren. Mit Kartoffeln, Fenchel- und Radicchiostreifen mischen. Mit Zwiebel- und Fenchelgrün garnieren, ziehen lassen.

4 Pfefferbeeren im Mörser zerstoßen. Steaks leicht salzen, auf einer Fleischseite in den Pfeffer drücken. In einer ofenfesten Pfanne beidseitig je zwei Minuten in 3 EL Öl anbraten. Im Ofen bei 160 °C 10 Minuten gar ziehen lassen und mit Kartoffelsalat servieren.

Pro Portion ca. 4 BE/5 KE

Krautfleckerl

Zutaten für 4 Portionen

250 g Vollkorn-Lasagneblätter
oder sehr breite Bandnudeln
Salz, Pfeffer (Mühle)
400 g Weißkohlblätter
120 g magerer Kochschinken
2 kleine Zwiebeln
2 Knoblauchzehen
3 EL Öl
edelsüßes Paprikapulver
1 TL getrockneter Majoran
2 EL Honig
200 ml Gemüsebrühe (Instant)
100 g geriebener Bergkäse
2 EL Kürbiskerne

Für den grünen Salat
200 g Blattsalat (z. B. Frisée)
½ Salatgurke
Radieschensprossen
Dressing, Seite 104

Zubereitung

1 Nudeln grob zerbrechen und sehr bissfest garen, da die Nudeln später im Ofen überbacken werden.

2 Inzwischen Weißkohl waschen, putzen und in etwa 2 cm breite Streifen schneiden. Zwiebeln in feine Streifen schneiden. Knoblauch fein hacken.

3 Schinken in Streifen schneiden und in einer beschichteten Pfanne in 2 EL Öl knusprig anbraten, herausnehmen. Zwiebeln und Knoblauch in Bratfett und restlichem Öl glasig dünsten. Paprikapulver, Majoran und Honig kurz mitdünsten und mit Brühe ablöschen. Kohl untermischen, pfeffern, salzen und etwa 10 Minuten bei mittlerer Hitze schmoren.

4 Abgetropfte Nudeln und Schinken unterheben. In eine Auflaufform geben, mit Käse und Kürbiskernen bestreuen. Im vorgeheizten Ofen bei 200 °C etwa 10 Minuten überbacken.

5 Salat waschen und putzen. Gurke in Scheiben hobeln. Dressing zubereiten und mit Radieschensprossen unter den Salat mischen.

Pro Portion ca. 4 BE/5 KE

Kalbsfilet in Johannisbeersoße

Zutaten für 4 Portionen

900 g festkochende Kartoffeln
2 EL gehackte Haselnüsse
gehackte Petersilie
2 EL Joghurtbutter
600 g Wirsing in Streifen
Salz, Pfeffer (Mühle)
Muskat
8 EL Orangensaft
1 Msp abgeriebene Bio-
Orangenschale
500 g Kalbsfilet
4 Feigen (à 60 g)
3 EL Öl
3 rote Zwiebeln
100 ml Rotwein
150 ml Fleischbrühe (Instant)
3 EL roter Balsamico
2 Zweige Rosmarinzweige
2 EL Johannisbeergelee
2 ganze Nelken

Zubereitung

1 Kartoffeln kochen, pellen, vierteln. Wirsing in wenig Wasser 10 Minuten garen, Wasser abgießen. Mit Salz, Pfeffer, Muskat, Orangensaft und -schale abschmecken, warmstellen.

2 Nüsse in einer beschichteten Pfanne rösten. Kartoffeln und Petersilie zugeben und in der Butter schwenken, leicht salzen und pfeffern.

3 Filet in 2 EL Öl rundherum anbraten, mit Salz und Pfeffer würzen, herausnehmen. In Alufolie einschlagen und im Ofen bei 160° C etwa 15 Minuten garen.

4 Zwiebeln in Streifen, Feigen in Scheiben schneiden. Einige Rosmarinnadeln sehr fein hacken. Zwiebeln, gehackten Rosmarin, Nelken und Rosmarinzweige im Bratfett mit 1 EL Öl andünsten, mit Essig ablöschen, kurz einkochen lassen und Johannisbeergelee untermischen. Wein und Brühe angießen, Feigenscheiben zugeben und 3 Minuten köcheln. Fleisch in Scheiben schneiden und kurz in der Soße erhitzen. Nelken und Rosmarinzweig entfernen und mit Wirsing und Kartoffeln servieren.

Pro Portion ca. 4 BE/5 KE

Kartoffel-Kürbis-Pfanne

Zutaten für 4 Portionen

1 kg kleine Kartoffeln
2 rote Zwiebeln
600 g Hokkaido-Kürbis
4 EL Olivenöl
600 g Putenfilet am Stück
Salz, Pfeffer (Mühle)
edelsüßes Paprikapulver
2 Knoblauchzehen
4 Lorbeerblätter
4 Thymianzweige
200 ml trockener Weißwein
400 ml heiße Hühnerbrühe
(Instant)
120 g (kernlose) grüne
Weintrauben

Zubereitung

1 Kartoffeln schälen, vierteln. Zwiebeln und Kürbis waschen und putzen. Zwiebeln in Streifen, Kürbis in etwa 2 cm dicke Spalten schneiden.

2 Filet mit Salz, Pfeffer und Paprika würzen. In einer beschichteten Pfanne in 2 EL Öl anbraten und herausnehmen.

3 Zwiebeln, ganze ungeschälte Knoblauchzehen, Lorbeerblätter, Thymianzweige und Kartoffeln in Bratfett und 2 EL Öl 2 Minuten anbraten. Kürbis kurz mitrösten, salzen und pfeffern. Mit Wein ablöschen.

4 Gemüse mit Filet in eine Gratinform geben. Brühe angießen. Im vorgeheizten Ofen bei 200 °C garen. Nach 10 Minuten Garzeit Trauben hinzufügen. Nochmals 10 Minuten garen. Knoblauch und Lorbeerblätter entfernen und servieren.

Pro Portion ca. 4 BE/5 KE

Geschnetzeltes mit Fächerkartoffeln

Zutaten für 4 Portionen

1,2 kg mittelgroße Kartoffeln
Salz
1 TL edelsüßes Paprikapulver
2 EL Olivenöl
2 rote Zwiebeln
400 g Rinderhüftsteak
2 EL Öl
2 EL Mehl (Type 1050)
2 Tassen Fleischbrühe (Instant)
1 EL zerstoßene rote
Pfefferbeeren
1 TL mittelscharfer Senf
4 EL Sauerrahm
2 EL Zitronensaft
gehackte Petersilie

Für den Salat
200 g Blattsalat
(z. B. Endivie, Frisée)
½ Salatgurke
2 Frühlingszwiebeln
Radieschensprossen
Dressing, Seite 104

Zubereitung

1 Kartoffeln schälen, fächerartig einschneiden und auf ein Blech mit Backpapier setzen. Mit Salz und Paprika würzen und mit 2 EL Olivenöl einpinseln. Im vorgeheizten Backofen bei 200 °C etwa 25 Minuten goldbraun backen.

2 Salat putzen und waschen. Gurke würfeln, Frühlingszwiebeln in feine Ringe schneiden. Dressing zubereiten und mit Sprossen unter den Salat mischen.

3 Steaks in Streifen schneiden. In einer beschichteten Pfanne in 1 EL Öl anbraten. Leicht salzen, herausnehmen und warm stellen.

4 Zwiebeln in Streifen schneiden und im Bratfett und 1 EL Öl anbraten. Mit Mehl bestäuben, mit Brühe ablöschen und mit den zerstoßenen Pfefferbeeren etwa 5 Minuten zugedeckt garen.

5 Soße mit Senf, Sauerrahm, Salz, Pfeffer, Zitronensaft und gehackter Petersilie würzen. Fleisch zur Soße geben, kurz erhitzen, aber nicht mehr kochen. Mit Salat und Fächerkartoffeln servieren.

Pro Portion ca. 4 BE/5 KE

Schweinefilet im Wirsingmantel

Zutaten für 4 Portionen

8 bis 12 große Wirsingblätter
500 g Schweinefilet
Salz, Pfeffer (Mühle)
4 EL Öl
1 EL mittelscharfer Senf
Küchengarn
1,3 kg Kartoffeln
2 EL Diätmargarine
gehackte Petersilie
2 Zwiebeln
400 g Pfifferlinge
2 EL Sherry
300 ml Gemüsebrühe (Instant)
100 ml Sauerrahm

Zubereitung

1 Wirsing waschen, Mittelrippen entfernen. Blätter 2 Minuten blanchieren. Abschrecken und überlappend zu einem Rechteck auslegen.

2 Schweinefilet mit Salz und Pfeffer würzen, in einer beschichteten Pfanne in 2 EL Öl rundherum anbraten. Herausnehmen, mit Senf bestreichen, in den Wirsing einrollen und mit Küchengarn befestigen.

3 Pilze waschen und putzen, Zwiebeln würfeln und im Bratfett mit 2 EL Öl anbraten. Pilze kurz mitdünsten und herausnehmen. Bratfond mit Sherry und Brühe ablöschen. Eingerolltes Filet darin zugedeckt etwa 20 Minuten bei milder Hitze schmoren.

4 Inzwischen Kartoffeln garen, pellen, längs vierteln, mit der Petersilie in Margarine schwenken und leicht salzen. Filet herausnehmen und in Scheiben schneiden. Die Zwiebel-Pilz-Mischung in der Soße erhitzen, mit Rahm, Salz und Pfeffer abschmecken. Mit Filet und Kartoffeln anrichten.

Pro Portion ca. 4 BE/5 KE

Süßes

Mohn-Grießbrei
mit Kumquat-Himbeer-Kompott

Zutaten für 4 Portionen

160 g Weichweizengrieß
2 EL gemahlener Mohn
1,1 l Milch (1,5 % Fett)
200 ml Sahne
1 Vanilleschote
1 Prise Salz
2 EL Honig

Für das Kompott

400 g Himbeeren (TK)
120 g Kumquats
100 ml Wasser
2 EL Honig
1 Msp Zimt
flüssiger Süßstoff nach Bedarf
1 Msp gemahlener Kardamom
frische Minze oder Zitronenmelisse

Zubereitung

1 Vanilleschote aufschlitzen und Mark auskratzen. Schote und Mark mit Milch, Sahne
und 1 Prise Salz aufkochen.

2 Grieß und Mohn einrühren, kurz aufkochen.
Bei milder Hitze etwa 5 Minuten unter Rühren köcheln lassen. Vom Herd ziehen. Vanilleschote entfernen und mit Honig süßen.

3 Für das Kompott Kumquats in Scheiben
schneiden. Kumquats und angetaute Himbeeren mit Wasser, Honig und den Gewürzen
aufkochen. Zugedeckt bei milder Hitze kurz
weiterköcheln lassen. Bei Bedarf mit Süßstoff
nachsüßen.

4 Grießbrei vom Herd nehmen und mit
Minze oder Melisse garnieren und mit dem
Kompott servieren.

Pro Portion ca. 5 BE/6 KE

193

Schoko-Himbeer-Pfannkuchen mit Ingwer-Minze-Dip

Zutaten für 4 Portionen

260 g Mehl (Type 1050)
400 ml Mineralwasser
mit Kohlensäure
1 Prise Salz
4 große Eier
1 EL Honig
2 EL Kakaopulver
etwas Vanillemark
2 EL Öl
500 g Himbeeren (TK)
1 TL Limettensaft
2 EL Mandelstifte

Für den Dip
400 g Magerquark
2 EL Limettensaft
2 EL Honig
1 Msp fein geriebener Ingwer
Minze

Zubereitung

1 Für den Teig Eier mit Mehl, Salz, Honig, Kakao, Vanillemark und Mineralwasser verquirlen, kurz quellen lassen. Mandelstifte in einer Pfanne ohne Fett rösten.

2 In einer beschichteten Pfanne in insgesamt 2 EL Öl kleine Pfannkuchen backen. Himbeeren mit etwas Limettensaft kurz erhitzen.

3 Für den Dip Quark mit Limettensaft, Honig, Ingwer und etwas gehackter Minze verrühren.

4 Pfannkuchen mit Himbeeren und Dip anrichten und mit Mandelstiften und Minze garnieren.

Pro Portion ca. 5 BE/6 KE

Quarkkeulchen
mit Erdbeer-Rhabarber-Kompott

Zutaten für 4 Portionen

900 g mehligkochende Kartoffeln
400 g Magerquark
4 Eigelb
80 g Mehl (Type 1050)
1 Msp Salz
1 Msp Zimt
Saft und abgeriebene Schale von
½ Bio-Zitrone
Mark von 1 Vanilleschote
flüssiger Süßstoff nach Bedarf
4 EL Öl

Für das Kompott

500 g Erdbeeren
500 g rotstieliger Rhabarber
150 ml Wasser
2 EL Honig
1 Msp Vanillemark
flüssiger Süßstoff nach Bedarf
Zitronenmelisse oder Minze

Zubereitung

1 Kartoffeln kochen, pellen und noch warm durch eine Kartoffelpresse drücken. Abkühlen lassen.

2 Inzwischen Erdbeeren putzen und vierteln. Rhabarber putzen und in 1 cm lange Stücke schneiden. Wasser mit Honig und Vanille aufkochen und den Rhabarber 3 Minuten im Sud köcheln lassen. Erdbeeren zufügen, kurz miterhitzen. Etwas Zitronenmelisse hacken und untermischen.

3 Kartoffeln mit Quark, Eigelben, Mehl, Salz, Zimt, Zitronensaft und -schale, Vanillemark und eventuell Süßstoff verkneten.

4 Aus dem Teig mit einem Esslöffel (vorher in heißes Wasser tauchen) Portionen abstechen und zu ovalen Plätzchen formen. In einer beschichteten Pfanne in heißem Öl von beiden Seiten knusprig braten. Mit Zimt bestreuen.

5 Quarkkeulchen mit dem Kompott anrichten und mit Melisse oder Minze garnieren.

Pro Portion ca. 5 BE/6 KE

Vanille-Pfannkuchen mit Grapefruit-Minze-Quark

Zutaten für 4 Portionen

260 g Mehl (Type 1050)
400 ml Mineralwasser mit Kohlensäure
1 Prise Salz
4 kleine Eier
etwas Vanillemark
1 EL Zitronensaft
2 EL Öl

Für die Füllung
400 g Magerquark
1 EL Honig
2 Grapefruits
1 Zweig Minze
4 EL gehackte Pistazien

Zubereitung

1 Für den Teig Mehl mit Wasser, Salz, Eiern, Vanillemark und Zitronensaft verquirlen und 10 Minuten quellen lassen.

2 Inzwischen Minzeblätter hacken. Für die Füllung Grapefruits filetieren, Saft auffangen. Quark mit Honig und Saft verrühren. Grapefruit, Minze und die Hälfte der Pistazien unter die Creme heben.

3 Öl in einer beschichteten Pfanne erhitzen. Aus dem Teig 4 Pfannkuchen backen.

4 Pfannkuchen auf der einen Hälfte mit Fruchtquark bestreichen und zuklappen. Mit übrigen Pistazien und Minze garnieren.

Pro Portion ca. 5 BE / 6 KE

Fruchtiges Hirse-Gratin

Zutaten für 4 Portionen

250 g Hirse
400 ml Wasser
200 ml fettreduzierte Kokosmilch
Salz
2 EL Diätmargarine
½ TL geriebener Ingwer
2 Bio-Orangen (ca. à 150 g)
400 g Magerquark
2 EL flüssiger Honig
etwas Vanillemark
300 g gemischte Beeren (TK)
4 EL Kokosraspel
2 EL Puderzucker

Zubereitung

1 Wasser und Kokosmilch mit der Hirse zum Kochen bringen. Leicht salzen und zugedeckt bei kleiner Hitze ausquellen lassen.

2 Eine Gratinform dünn mit der Margarine auspinseln.

3 Etwas Orangenschale abreiben, das Fruchtfleisch filetieren, dabei den Saft auffangen.

4 Hirse mit geriebenem Ingwer, Orangensaft und -schale, Quark, Honig und Vanillemark mischen.

5 In die Gratinform füllen. Orangenfilets und Beeren darauf verteilen, mit Kokosraspeln bestreuen. Im vorgeheizten Ofen bei 180 °C etwa 20 Minuten überbacken. Vor dem Servieren mit Puderzucker bestäuben.

Pro Portion ca. 5 BE / 6 KE

Ingwer-Zitronen-Küchlein mit Pflaumen-Brombeer-Kompott

Zutaten für 4 Portionen

4 große Eier
200 ml Mineralwasser
mit Kohlensäure
1 Msp geriebener Ingwer
2 EL Zitronensaft
½ TL abgeriebene
Bio-Zitronenschale
250 g Frischkäse (Magerstufe)
200 g Weizenmehl (Type 1050)
80 g zarte Vollkorn-Haferflocken
flüssiger Süßstoff nach Bedarf
4 EL Öl

Für das Kompott
250 g entsteinte Pflaumen
250 g Brombeeren
150 ml Wasser
1 EL Zitronensaft
2 EL Ahornsirup
1 Prise Zimt

Zubereitung

1 Eier trennen. Eigelbe mit Frischkäse, Mineralwasser, Mehl, Haferflocken, Ingwer, Zitronensaft und -schale und eventuell Süßstoff verrühren, kurz quellen lassen.

2 Für das Kompott Pflaumen entsteinen und in Spalten schneiden. Pflaumen und Brombeeren mit Zitronensaft, 150 ml Wasser, Zimt und Ahornsirup kurz aufkochen, vorsichtig umrühren, von der Platte ziehen.

3 Eiweiße steif schlagen, unter den Teig ziehen.

4 Öl in einer beschichteten Pfanne erhitzen. Aus dem Teig Küchlein backen und mit Kompott anrichten.

Pro Portion ca. 5 BE/6 KE

Mandel-Zimt-Bulgur mit Kirschkompott

Zutaten für 4 Portionen

200 g Bulgur
½ TL Zimt
600 ml Milch (1,5 % Fett)
200 ml Sahne
etwas Vanillemark
flüssiger Süßstoff nach Bedarf
4 EL Mandelstifte

Für das Kompott

480 g entsteinte Süßkirschen
1 EL Zitronensaft
75 ml Wasser
1 EL Ahornsirup
4 Spritzer Amaretto (Mandellikör)
oder 2 Tropfen Bittermandel-
Aroma

Zubereitung

1 Für das Kompott Zitronensaft, Wasser, Ahornsirup und Likör oder Bittermandel-Aroma erhitzen. Kirschen darin kurz aufkochen und zugedeckt ziehen lassen.

2 Milch mit der Sahne aufkochen. Bulgur, Vanillemark und Zimt zugeben, zugedeckt etwa 10 Minuten garen. Eventuell mit Süßstoff abschmecken. Mandelstifte in einer Pfanne ohne Fett rösten.

3 Bulgur mit Mandelstiften und dem Kompott servieren.

Pro Portion ca. 5 BE / 6 KE

Kokos-Beeren-Couscous mit Joghurt

Zutaten für 4 Portionen

200 g Couscous (Instant)
400 ml fettreduzierte Kokosmilch
100 ml Wasser
2 EL Limettensaft
etwas Vanillemark
2 EL Honig
300 g Heidelbeeren
300 g Himbeeren
4 EL Kokosraspel
600 g Naturjoghurt (3,5 % Fett)
flüssiger Süßstoff nach Bedarf
frische Minze

Zubereitung

1 Kokosmilch mit Wasser, 1 EL Limettensaft, Vanillemark und Honig verrühren, kurz aufkochen. Couscous einrühren und ausquellen lassen.

2 Kokosraspel in einer Pfanne ohne Fett rösten. Beeren waschen, verlesen und mit Kokosraspeln unter den Couscous mischen.

3 Joghurt mit restlichem Limettensaft und etwas gehackter Minze verrühren. Bei Bedarf mit Süßstoff abschmecken. Joghurt zum Couscous servieren. Mit Minze garnieren.

Pro Portion ca 5 BE/6 KE

Kokos-Limetten-Milchreis mit Orange und Kiwi

Zutaten für 4 Portionen

220 g Milchreis
500 ml Milch (1,5 % Fett)
200 ml Sahne
etwas Vanillemark
1 Prise Salz
4 EL Limettensaft
flüssiger Süßstoff nach Bedarf
4 EL Kokosraspel
2 filetierte (Blut-)Orangen
(ca. à 150 g)
4 Kiwi (ca. à 60 g)
frische Minze

Zubereitung

1 Milch mit Sahne und Salz aufkochen. Reis und Vanillemark einrühren. Bei kleiner Hitze 20 Minuten ausquellen lassen, dabei regelmäßig umrühren.

2 Inzwischen Kiwis schälen und in Scheiben schneiden. Orangen schälen und das Fruchtfleisch filetieren.

3 Reis mit Limettensaft und eventuell Süßstoff abschmecken. Kokosraspel in einer Pfanne ohne Fett rösten und über den Reis streuen.

4 Kiwischeiben mit den Orangenfilets auf dem Reis anrichten. Mit frischer Minze garnieren.

Pro Portion ca. 5 BE / 6 KE

Mohn-Bulgur mit Zwetschgenröster

Zutaten für 4 Portionen

200 g Bulgur
60 g gemahlener Mohn
600 ml Milch (1,5 % Fett)
200 ml Sahne
½ Vanilleschote
Süßstoff nach Bedarf

Für den Zwetschgenröster
600 g reife Zwetschgen
4 EL Rotwein
1 EL Zitronensaft
etwas abgeriebene Bio-
Zitronenschale
2 EL Honig
1 Prise Zimt
2 Gewürznelken

Zubereitung

1 Vanilleschote auskratzen. Mark, Schote, Milch und Sahne aufkochen. Bulgur und Mohn zugeben, zugedeckt bei milder Hitze etwa 10 Minuten garen. Bulgur süßen, Vanilleschote entfernen.

2 Zwetschgen entsteinen und vierteln. In 4 EL Wasser mit Rotwein, Zitronensaft, Honig und Gewürzen kurz aufkochen, zugedeckt etwa 10 Minuten garen, dabei umrühren. Nelken entfernen und Kompott mit Bulgur anrichten.

Pro Portion ca. 5 BE/6 KE

Vanille-Quark-Küchlein mit Heidelbeerkompott

Zutaten für 4 Portionen

4 große Eier
200 ml Mineralwasser
mit Kohlensäure
250 g abgetropfter Magerquark
200 g Weizenmehl (Type 1050)
8 EL Vollkorn-Haferflocken
1 Prise Salz
½ TL Vanillemark
1 Msp abgeriebene Schale
einer Bio-Zitrone
4 EL Öl
frische Minze

Für das Kompott
500 g Heidelbeeren
4 EL leichter Rotwein
1 EL Zitronensaft
1 Prise Zimt
2 EL Honig

Zubereitung

1 Eier trennen. Eigelbe mit Quark, Mineral-wasser, Mehl, Haferflocken, Vanillemark, Zitronenschale verrühren und 5 Minuten quellen lassen.

2 Inzwischen für das Kompott Beeren mit Wein, Zitronensaft, 100 ml Wasser, Zimt und Honig kurz aufkochen, wegstellen. Eiweiße mit einer Prise Salz steif schlagen und unter den Teig ziehen.

3 Öl in einer beschichteten Pfanne erhitzen. Küchlein darin backen, mit Kompott anrich-ten. Mit Minze garnieren.

Pro Portion ca. 5 BE/6 KE

Apfel-Quark-Auflauf mit Spekulatius-Crumble

Zutaten für 4 Portionen

4 EL Mandelstifte
160 g Vollkornpaniermehl
2 EL Joghurtbutter
1 EL Ahornsirup
1 TL Spekulatiusgewürz
etwas Vanillemark
4 Äpfel (à 125 g)
100 ml Orangensaft
1 Msp abgeriebene
Schale einer Bio-Orange
2 EL Johannisbeerkonfitüre
2 EL Johannisbeerlikör (Cassis)
500 g Magerquark
flüssiger Süßstoff nach Bedarf
4 Eier

Zubereitung

1 Mandeln und Paniermehl in einer beschichteten Pfanne rösten, mit Butter, Ahornsirup, Spekulatiusgewürz und Vanille verfeinern.

2 Hälfte der Mandelbrösel auf dem Boden einer Auflaufform verteilen. Äpfel waschen, putzen und in Spalten schneiden und in die Auflaufform schichten.

3 Konfitüre, 4 EL Saft und Likör verrühren, Äpfel damit bepinseln.

4 Eier trennen, Eiweiße steif schlagen. Quark mit restlichem Saft, Orangenschale, Eigelben und etwas Süßstoff cremig rühren, Eiweiß unterziehen.

5 Quarkmasse auf den Äpfeln verteilen. Restliche Mandelbrösel darüberstreuen. Im vorgeheizten Backofen bei 180 °C 25 Minuten backen.

Pro Portion ca. 4,5 BE/5,5 KE

Sahniger Grießbrei mit Erdbeer-Minze-Kompott

Zutaten für 4 Portionen

150 g Weichweizengrieß
1 l Milch (1,5 % Fett)
250 ml Sahne
½ Vanilleschote
1 Prise Salz
2 EL Limettensaft
2 EL Honig
600 g Erdbeeren
2 EL Kokosraspel
frische Minze

Zubereitung

1 Vanilleschote aufschlitzen, Mark auskratzen und mit Milch, Sahne und 1 Prise Salz zum Kochen bringen. Grieß einrühren, aufkochen und von der Platte ziehen. Grieß quellen lassen und mit 1 EL Limettensaft und 1 EL Honig abschmecken.

2 Für das Kompott Erdbeeren mit 1 EL Limettensaft und 1 EL Honig, 1 EL fein gehackter Minze und etwas Wasser kurz erhitzen, ziehen lassen.

3 Grießbrei mit Kokosraspeln und Minzeblättchen garnieren. Mit Kompott servieren.

Pro Portion ca 4,5 BE/5,5 KE

Mango-Milchreis

Zutaten für 4 Portionen

220 g Milchreis
500 ml Milch (1,5 % Fett)
200 ml Sahne
½ Vanilleschote
1 Prise Salz
1 EL Limettensaft
flüssiger Süßstoff nach Bedarf
400 g reifes Mangofruchtfleisch
4 EL gehackte Pistazien
frische Minze oder Zitronenmelisse

Zubereitung

1 Vanilleschote auskratzen. Schote mit Mark, Milch, Sahne und 1 Prise Salz aufkochen. Reis einrühren und bei kleiner Hitze etwa 20 Minuten quellen lassen, dabei regelmäßig umrühren. Vanilleschote entfernen und mit Süßstoff abschmecken.

2 Hälfte des Mangofruchtfleisches klein würfeln, Rest mit Limettensaft fein pürieren.

3 Mangowürfel unter den Milchreis mischen, bei Bedarf mit Süßstoff abschmecken.

4 Milchreis mit Soße anrichten. Mit Pistazien und Minze oder Melisse garnieren.

Pro Portion ca. 5 BE/6 KE

Mohn-Schmarrn mit Pflaumen-Trauben-Kompott

Zutaten für 4 Portionen

260 g Mehl (Type 1050)
200 ml Milch (1,5 % Fett)
200 ml Mineralwasser
mit Kohlensäure
4 große Eier
Salz
1 Msp Vanillemark
etwas abgeriebene Schale einer
Bio-Zitrone
60 g gemahlene Mohnsaat
flüssiger Süßstoff nach Bedarf
3 EL Öl

Für das Kompott

250 g entsteinte Zwetschgen
150 g grüne Weintrauben
2 EL Zitronensaft
2 EL Zwetschgenwasser oder
2 Tropfen Rum-Aroma
etwas abgeriebene Schale
einer Bio-Zitrone
2 EL Ahornsirup
1 Msp Zimt

Zubereitung

1 Entsteinte Zwetschgen in Spalten schneiden, Trauben halbieren. Früchte in 4 bis 8 EL Wasser mit Zitronensaft, -schale, Zwetschgenwasser oder Rum-Aroma, Ahornsirup und Zimt kurz aufkochen, zugedeckt etwa 5 Minuten garen, etwas abkühlen lassen.

2 Eier trennen. Eigelb mit Mehl, Milch, Mineralwasser, Vanillemark, Zitronenschale, Mohn und bei Bedarf Süßstoff verquirlen. Teig kurz quellen lassen.

3 Eiweiße mit 1 Prise Salz steif schlagen, unter den Teig ziehen.

4 3 EL Öl in einer beschichteten Pfanne erhitzen. Teig auf einmal bei mittlerer Hitze backen, wenden und in Stücke reißen. Mit Kompott servieren.

Pro Portion ca. 5 BE/6 KE

Quarkauflauf mit Früchten

Zutaten für 4 Portionen

4 Aprikosen (à 50 g)
600 g Rote Johannisbeeren
6 EL Diätmargarine
4 kleine Eier
Saft und etwas abgeriebene
Schale von ½ Bio-Zitrone
2 EL Honig
flüssiger Süßstoff nach Bedarf
1 Msp Vanillemark
2 EL Limoncello (Zitronenlikör)
oder 2 Tropfen Rum-Aroma
500 g Magerquark
120 g Hartweizengrieß
2 EL gehackte Pistazien
2 EL Puderzucker

Zubereitung

1 Eine Gratinform mit 1 EL Margarine auspinseln.

2 Eier trennen und Eiweiße steif schlagen.

3 Eigelbe mit 5 EL weicher Margarine, Honig, Vanille, Likör oder Rum-Aroma, Süßstoff, Zitronensaft und etwas -schale verquirlen. Quark und Grieß unterrühren, Eischnee unterziehen.

4 Obst waschen. Johannisbeeren abrebeln, Aprikosen in Spalten schneiden. Quarkmasse in die Auflaufform füllen, Obst darauf verteilen. Bei 180 °C 25 Minuten backen und mit Pistazien und Puderzucker garnieren.

Pro Portion ca. 4 BE/5 KE

Grießecken
mit Cranberrykompott

Zutaten für 4 Portionen

160 g Hartweizengrieß
700 ml Milch (1,5 % Fett)
1 Prise Salz
½ Vanilleschote
flüssiger Süßstoff nach Bedarf
4 Eigelbe
4 EL Öl
4 EL Mandelstifte

Für das Kompott
500 g frische Cranberrys
200 g Heidelbeeren
2 EL Zitronensaft
100 ml Wasser
etwas abgeriebene
Schale einer Bio-Zitrone
1 Prise Zimt
2 EL Ahornsirup
1 Spritzer Amaretto (Mandellikör)
oder 2 Tropfen Bittermandel-
Aroma

Zubereitung

1 Vanilleschote auskratzen. Mark und Schote mit 600 ml Milch, Salz und eventuell etwas Süßstoff aufkochen. Grieß einrühren, kurz weiterköcheln lassen, vom Herd nehmen.

2 Eigelbe mit übriger Milch verquirlen, unterziehen. In eine kalt ausgespülte Auflaufform streichen, abkühlen lassen.

3 Inzwischen für das Kompott Zitronensaft und -schale, Wasser, Sirup und Zimt erhitzen. Mit den Beeren aufkochen, 5 Minuten ziehen lassen. Mit Amaretto oder Aroma verfeinern.

4 Mandelstifte in einer beschichteten Pfanne ohne Fett rösten und beiseitestellen. Grießmasse in Rechtecke schneiden. In der Pfanne in insgesamt 4 EL Öl goldbraun braten. Mit Kompott anrichten. Mit Mandeln garnieren.

Pro Portion ca. 4,5 BE/5,5 KE

Pfannkuchen-Sushi

Zutaten für 4 Portionen

240 g Mehl Type 1050
400 ml Mineralwasser mit
Kohlensäure
1 EL Zitronensaft
flüssiger Süßstoff nach Bedarf
1 Prise Salz
4 kleine Eier
1 Msp Vanillemark
2 EL Öl
400 g Magerquark
1 EL Honig
4 Kiwis (à 60 g)
500 g Papayafruchtfleisch
8 EL Orangensaft
1 Zweig frische Minze
2 EL Kokosraspel

Zubereitung

1 Mehl mit Mineralwasser, Zitronensaft, Salz, Süßstoff, Eiern und Vanillemark verquirlen und den Teig 10 Minuten quellen lassen. Kokosraspel in einer beschichteten Pfanne ohne Fett rösten und beiseitestellen.

2 Für die Füllung Kiwis schälen, klein würfeln und mit Quark und Honig mischen.

3 Für die Soße Papaya mit Orangensaft und etwas gehackter Minze pürieren.

4 Aus dem Teig in einer beschichteten Pfanne in Öl Pfannkuchen backen. Fertige Pfannkuchen mit Kiwiquark bestreichen, aufrollen und quer in breite Röllchen scheiden. Auf der Papayasoße anrichten. Mit Kokosraspeln und Minze garnieren.

Pro Portion ca. 5 BE/6 KE

Geröstete Nudeln mit Orangen-Rhabarber-Kompott

Zutaten für 4 Portionen

250 g Vollkornnudeln
4 EL Diätmargarine
40 g Vollkornkekse
1 EL Honig
60 g gehackte Pistazien
Zitronenmelisse

Für das Kompott
500 g Rhabarber
½ Vanilleschote
2 EL Honig
2 Orangen (ca. à 150 g)
4 EL Wasser
2 EL Orangenlikör
flüssiger Süßstoff nach Bedarf

Zubereitung

1 Nudeln nach Packungsanweisung ohne Salz bissfest kochen.

2 Inzwischen für das Kompott Rhabarber putzen, waschen und in schräge Stücke schneiden. Orangen schälen, filetieren und Saft auffangen.

3 Vanilleschote aufschneiden und auskratzen. Mark und Schote mit Rhabarber, Honig und Wasser aufkochen, Orangenfilets und -saft zugeben und 5 Minuten leicht köcheln lassen. Mit Likör und Süßstoff abschmecken.

4 Kekse in einen Gefrierbeutel geben, mit dem Nudelholz fein zerbröseln. In einer beschichteten Pfanne in Margarine mit Honig anrösten. Die abgetropften Nudeln kurz mitrösten. Mit Pistazien und Melisse garnieren. Mit Kompott servieren.

Pro Portion ca. 5 BE/6 KE

Ofenschlupfer mit Beerensoße

Zutaten für 4 Portionen

300 g Vollkornbrötchen
4 Eier
300 ml Milch (1,5 % Fett)
150 ml Kochsahne (15 % Fett)
3 EL Ahornsirup
etwas abgeriebene Bio-
Zitronenschale
Zimt
1 Msp Vanillemark
flüssiger Süßstoff nach Bedarf
2 EL Mandelstifte
4 EL Joghurtbutter

Für die Soße
400 g Brombeeren
200 g Heidelbeeren
2 EL Zitronensaft
8 EL Wasser
2 EL Mandel- oder
Johannisbeerlikör

Zubereitung

1 Eier mit Milch, Sahne, 2 EL Ahornsirup, Zitronenschale, Zimt, Vanille und Süß-stoff verquirlen. Vollkornbrötchen in Würfel schneiden. Mandelstifte in einer Pfanne ohne Fett rösten, beiseitestellen.

2 Gratinform mit 1 EL Joghurt-Butter aus-pinseln. Brotwürfel in die Form schichten. Mit Eiermilch begießen, mit Mandeln bestreuen.

3 3 EL Butter in Flöckchen darauf verteilen. Im vorgeheizten Backofen bei 170 °C 30 Minu-ten backen.

4 Inzwischen für die Soße die Hälfte der Beeren mit Saft, Wasser, 1 EL Ahornsirup, Vanille und Likör aufkochen, pürieren. Rest-liche Beeren untermischen, abkühlen lassen. Ofenschlupfer mit Mandeln garnieren und mit Soße servieren.

Pro Portion ca. 4 BE/5 KE

230

Rezeptverzeichnis

Mediterran

Vegetarisch

Asiatisch

Fleisch

Süßes